Abriendo las puertas a "la verdad absoluta"

Abriendo las puertas a "la verdad absoluta"

ÁLVARO TOMÁS ARZUZA CUESTA

Colombia, Sur América
Año 2011

AuthorHouse™
1663 Liberty Drive
Bloomington, IN 47403
www.authorhouse.com
Phone: 1-800-839-8640

Published by AuthorHouse   12/07/2012

ISBN: 978-1-4772-9557-1 (sc)
ISBN: 978-1-4772-9556-4 (e)

Library of Congress Control Number: 2012922805

Contenido

Dedicación

Con humildad ofrezco este escrito, y todo lo que pueda hacer el resto de mi vida, a nuestro dios creador.

Acepta, Padre Santo, por favor, que esta criatura infinitesimal, a quien diste el mandato y la gracia de vivir, trabaje voluntariamente, junto contigo en tu plan celestial. Tomo esta decisión en uso de mi libre albedrío y con plena conciencia de la responsabilidad, que asumo. Que tu justicia y tu bondad nos cobije y nos proteja en todo y a todos, los que luchemos por respetar y seguir tus mandatos.

Mensaje de Agradecimiento Al Lector

Es un honor el que me ha hecho usted señor lector, en tomarse el tiempo para leer este, mi primer libro, que he osado escribir sin tener la preparación suficiente para entregarle un buen trabajo.

Lo he hecho con la intención de compartir con ustedes estos pensamientos que me han cambiado, positivamente, mi vida.

Espero que a ustedes también les sirvan positivamente y para que les ayuden a merecer tener cerca, muy cerca, el apoyo, la protección y la bendición del padre celestial.

Prólogo

ALGUNAS FRASES SABIAS QUE INSPIRAN ESTE LIBRO

DE JESÚS CRISTO:

"EL QUE QUIERA ESCUCHAR, QUE ESCUCHE. EL QUE QUIERA ENTENDER, QUE ENTIENDA"
"LA VERDAD OS HARÁ LIBRES"

DE LA FILOSOFÍA:

"DIOS ES EL ÚNICO DUEÑO DE LA VERDAD ABSOLUTA".
"LAS VERDADES DESVELADAS SON SÓLO COMPONENTES DE LA VERDAD ABSOLUTA."

DEL EVANGELIO DE SAN JUAN:

"QUIEN OBRA MAL ODIA LA LUZ, Y NO VA A LA LUZ PARA QUE NO SE DESCUBRAN SUS OBRAS"

Introducción

Existen varios géneros de afirmaciones que reconocemos como verdades:

1.1) VERDADES DEL GÉNERO#1

Realidades que los humanos llamamos evidentes porque las percibimos con nuestros sentidos o las constatamos durante nuestra existencia.

1.2) VERDADES DEL GÉNERO#2

Afirmaciones que consideramos incontrovertibles por que la ciencia las ha comprobado como verdades.

1.3) VERDADES DEL GÉNERO#3

Afirmaciones que matemáticamente o por lógica filosófica se consideran axiomas.

1.4) VERDADES DEL GÉNERO# 4

Sucesos que, siendo temporales, pueden ser confirmados mediante grabaciones autóctonas o memorias inmodificables o por sus efectos remanentes comprobables.

1.5) VERDADES DEL GÉNERO#5

La historia dela Humanidad describe muchísimos sucesos del pasado que resultan imposible de ser verificados en nuestro actual presente. No podemos entonces afirmar que esos sucesos son verdades obvias pero sin embargo creemos en muchos de ellos y los consideramos verdades porque se encuentran respaldados por huellas innegables que han dejado en el espíritu colectivo de la especie humana.

Capítulo Uno

2) Planteamiento

Los planteamientos en que basamos esta apertura hacia la verdad absoluta son los siguientes:

2.1) Poco nos tomamos el tiempo, juiciosamente, para escudriñar con objetividad nuestro entorno físico y nuestra realidad espiritual interior, para encontrar allí las verdades incontrovertibles de la naturaleza que nos guían hacia la verdad absoluta y hacia una existencia corporal plena y con méritos para merecer la eternidad.

2.2) A nuestro alcance, en nuestros órganos, en nuestras células, en nuestras emociones, en el mundo, se encuentran inmersos hermosos y profundos axiomas que debemos desvelar, degustar y digerir para nutrirnos de la sabiduría que, escalón por escalón, nos llevarán a la verdad absoluta.

2.3) Ese ascendente y acumulativo conocimiento enderezará la dirección que le estamos dando a nuestras vidas, cambiándola hacia la forma acertada. Haremos gratas y positivas nuestras acciones para nosotros mismos y facilitará la convivencia armoniosa con todos los demás seres del planeta.

2.4) Comprenderemos mejor la complejidad del universo. Que somos cuerpos mortales pero con un componente espiritual que opera en dimensiones extra naturales y que puede crecer sin límite conocido. El alma y el espíritu son la clara indicación de la bastante probable continuación de la existencia en otras dimensiones que operan más allá de lo físico.

2.5) Nos convenceremos de que estamos regidos por "el propósito de la creación".

2.6) Nuestra vida, en nuestros cuerpos, es la escuela de aprendizaje de nuestro espíritu para entender la gran responsabilidad que nos acarrea haber recibido el libre albedrío.

Capítulo Dos

Desarrollo

Glosario de términos

ADN:
Acido desoxirribonucleico: material genético de todos los organismos celulares. Contiene toda la información que se requiere para que la célula o el virus realice todas sus actividades, se desarrolle, se copie a sí mismo y transmita a su descendencia la información de síntesis de proteínas que contiene.

Antropología:
Ciencia que estudia a los seres humanos en sus aspectos físicos, sociales y culturales.

Ápice:
Parte pequeñísima. Punto muy reducido.

Asintótica:
Línea curva que al prolongarse indefinidamente se acerca
cada vez más a la recta a la cual se dice que es asintótica
pero sin llegar a tocarla. Por ejemplo, si se dice que la curva
es asintótica con el infinito significa que a medida que
crece se acerca más al infinito pero nunca llega a tocarlo.

Una curva típica con estas características es la representación
gráfica en un plano de coordenadas cartesianas de la
función exponencial:

$y = c. e^x$

Donde "x" es una variable que puede ser por ejemplo el
tiempo. Donde "y" es la otra variable resultante que puede
ser por ejemplo, el crecimiento del conocimiento con
relación al tiempo. c y e son valores constantes. La forma
típica de esa curva es la que se muestra a continuación:

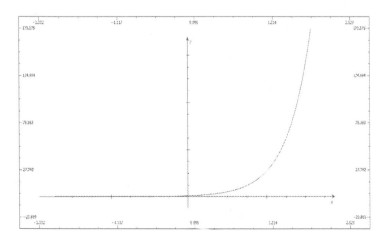

Axioma:
Principio básico que es asumido como verdadero sin recurrir a demostración alguna que, por lo tanto debe ser asumido por cualquier sistema deductivo.

Concomitante:
Que aparece o actúa conjuntamente con otra cosa.

Desvelar:
Descubrir poner de manifiesto.

Escatología:
Parte de la teología que estudia las últimas cosas, es decir, el destino final del hombre y el universo.

Ignoto:
Desconocido, no descubierto.

Incoada:
Comenzada, que lleva a cabo los primeros trámites de un proceso.

In fraganti:
En el momento en que se está cometiendo el delito o realizando una acción censurable.

Nano:
$0,000000001$ unidades$= 10^{-9}$
Un nanómetro es por consiguiente igual a 10^{-9} metros y es el ámbito de dimensiones de los átomos.

Neandertal:
Homínido que constituyó una especie distinta al hombre moderno pero que se extinguió hace aproximadamente 30.000 años

Género:
Clase o tipo a que pertenecen personas o cosas.

Hito:
Señal o marca o que sirve para indicar la dirección o un límite o la distancia en los caminos.

Incipiente:
Que empieza

In saecula saeculorum
Para siempre jamás.

Jerarquía:
Gradación de personas, valores o dignidades.
La gradación consiste en la disposición o ejecución de algo en grados sucesivos, ascendentes o descendientes. Serie de cosas ordenadas gradualmente. Relación de dominio y subordinación que se establece entre los individuos de una misma especie al formar grupo.

Literalmente:
Conforme a la letra del texto, o al sentido exacto y propio, y no lato ni figurado, de las palabras empleadas en él.

Obvias:
Que se encuentra o pone delante de los ojos. Muy claro o que no tiene dificultad.

Paleontología:
Ciencia que trata de los seres orgánicos cuyos restos o vestigios se encuentran fósiles.

Sine qua non:
Locución latina que significa condición sin la cual no

Vectores:
Segmento de recta, contado a partir de un punto del espacio, en una dirección determinada y en uno de sus dos sentidos.

Capítulo Tres

Nota: el número asignado, de aquí en adelante, a la verdad que se describe, es solo para cuantificación y no tiene el propósito de dar orden de importancia de las mismas.

Verdades del género #1

Realidades que los humanos llamamos evidentes porque las percibimos con nuestros sentidos o las constatamos durante nuestra existencia.

Verdad número 1.

El universo existe. La vida existe. Ambos son un hecho y están evolucionando. La materia y la energía están aquí y allí y por todas partes, en un espacio que parece no tener límites ni en el macro ni en el micro universo. Toda la creación aparece ordenada como un conjunto de múltiples universos paralelos coexistentes cada uno con un cierto nivel que lo caracteriza. No conocemos con certeza su origen ni tampoco podemos imaginar su fin.

Las pruebas:

- Nuestro planeta tierra y todo lo que hay en él y fuera de él.

- La existencia de las leyes de la naturaleza, de las partículas sub atómicas, de los átomos, de las moléculas, de los virus, de las bacterias, de los cuerpos, de los animales, de los humanos, de la atmósfera, de los mares, de las plantas, de los peces, de las aves, de los elementos, de los materiales simples y los compuestos, de los materiales de estado sólido, de los materiales de estado líquido, de los materiales de estado gaseoso, de los astros, de los planetas, de los soles, de las estrellas, de las galaxias, de los agujeros negros, de la materia oscura, de las energías, de la energía oscura, de la luz, de la oscuridad, del vacío interminable y hábitat de los mundos con las energías, de la vida, de la muerte, de lo simple, de lo complejo, del orden, del caos, de lo motriz, de lo inerte, de lo inánime, de lo activo, del frío, del calor, de lo ordinario, de lo refinado.

- Todo lo que conocemos ha cambiado y continúa cambiando. Nuestras construcciones mejoran, nuestros conocimientos crecen, las especies vivas se fortalecen y siguen evolucionando. Todo, salvo lo que destruimos o dañamos, sigue mejorando. El universo como un gigantesco ser sigue expandiéndose.

- En comunión con nuestros cuerpos están las almas, los espíritus, los pensamientos, los sentimientos, las memorias, los recuerdos, las emociones. Y esas misteriosas pero existentes entidades también cambian y evolucionan con los años, con la edad, con las experiencias, con la educación, con los conocimientos

- Somos testigos de los múltiples universos que existen con un rango de leyes que los rigen, con su propio modo de intercomunicarse, con sus particulares organizaciones. Algunos ejemplos: universo subatómico, universo de ondas electromagnéticas, universo de bacterias, universo subacuático, universo de insectos, universo de mamíferos, universos de humanos, universos de géneros femenino y masculino, y tantísimos más en una escalera infinita.

Guías que nos da esta verdad

- a) Aceptar crecer según lo determina nuestro plan celular al presente. No olvidemos que hasta el plan celular va cambiando para mejorar de forma natural. Observemos por ejemplo como la voracidad de los animales carnívoros que están en los niveles más altos va disminuyendo con la evolución. Los humanos más antiguos practicaban con frecuencia el canibalismo, pero por fortuna esas prácticas han desaparecido. El espíritu humano ha evolucionado al punto que ahora nos esforzamos por acabar las guerras, por condenar dictaduras, por fortalecer las democracias, por perseguir a los corruptos, e inclusive por sacrificar de forma menos dolorosa a los animales cuya carne comemos. Cierto es que falta aún un largo camino que recorrer pero vamos avanzando hacia lo más piadoso y respetuoso.

- b) Aceptar el tiempo que nos da la vida, como el plazo que tenemos para adquirir y acumular sabiduría y conocimiento sobre todo lo existente. Crecer en lo espiritual, depende principalmente de nosotros y no tiene límites de superación.

- c) Proteger y tratar de mejorar con nuestra inteligencia y trabajo todo lo que sostiene nuestra coexistencia con este universo.
- d) Entender que lo que está hecho hasta el presente ya no regresa. Nuestras acciones tampoco. El presente es nuestra plataforma de lanzamiento hacia el futuro. El futuro depende de nuestro presente.
- e) Entender que la edad de la creación del universo es la que tiene hoy pero que inexorablemente, seguirá evolucionando, envejeciendo y algún día morirá.
- f) Nuestra mortalidad nos anuncia que lo material termina. La expansión sin parar del universo nos anuncia que hay entidades que se expanden sin límite conocido. La complejidad para llegar al estado de desarrollo en que están los seres biológicos requirió y seguirá requiriendo de la dirección y un plan perfectos. La evolución es inevitable y seguirá cumpliéndose. Nacer, crecer y morir es el plan natural. La evolución también, como la vida, es un mandato La meta final sólo la conoce el responsable de todo esto. Conocer a ese responsable solo será posible para los seres creados y habilitados por él mismo para que eso pueda suceder. Albergamos la esperanza y la fe de que somos nosotros los elegidos para tal privilegio. El estancamiento no es el sentido de la existencia. Nada cambiaría si nada cambia. El que obstruye o trata de distorsionar el planificado camino de

la evolución sólo consigue retrasar la evolución propia. El que no quiere aprender solo aplaza y retrasa su propia evolución espiritual. El mandato de la evolución se cumplirá. Para algunos seres, sólo lo podrán hacer en esta dimensión, para otros lo harán en otras dimensiones que desconocemos, y para otros lo harán también en alguna o algunas otras dimensiones no desveladas.

Verdad número 2.

Las construcciones muy complejas requieren mucho tiempo y organizaciones constructivas complejas con funciones, responsabilidades y jerarquías muy bien definidas.

Las pruebas:

- La construcción del universo ha requerido y sigue requiriendo de mucho tiempo. Su edad aproximada es de más de 14 mil millones de años de existencia, desde la conjetura de su comienzo. Nació desde lo más elemental y se ha desarrollado hacia lo más complejo que ahora existe. Respeta un orden, unas leyes, un destino, un propósito, en lo material, en lo energético, y en lo biológico.
- En el mundo biológico se ha hecho evidente que las especies más ordenadas u organizadas o más inteligentes constituyen las especies dominantes. El ser humano, dotado de razón, de lógica, de conocimiento, es la especie dominante por excelencia. Todo demuestra que la configuración de jerarquías garantiza la perdurabilidad de la

materia, la continuación de la vida y el desarrollo de todo lo creado.

- Todas las construcciones complejas a cargo del ser humano también han tomado mucho tiempo y también han requerido creatividad, recursos y organización jerárquica para su manejo.
- Las especies biológicas han requerido larguísimo tiempo para evolucionar hasta llegar al estado donde hoy se encuentran y se hacen claras las diferenciaciones jerárquicas entre las diferentes especies. La perduración de las especies ha requerido un orden y plan evolutivo inscrito en sus respectivos ADN celulares.
- Nada es producto del azahar. Cualquier suceso del universo tiene muchísimas causas entrelazadas según algún modelo que puede representarse matemáticamente. Cuando las causas son muy numerosas y complejas el algoritmo matemático también se vuelve muy difícil de configurar pero no es imposible para una inteligencia extraordinaria. Esto significa que para el todopoderoso creador nada de lo que sucede puede escapar de su dominio. No existe para él ningún hecho fortuito. Todo está planificado y jerárquico.
- En el universo se detectan muchos niveles, dentro de un orden, que podría considerarse jerárquico: nebulosas, agujeros negros, galaxias, estrellas, planetas, satélites, substancias, materiales, moléculas, átomos, y partículas subatómicas. Es lógico pensar, que una compleja jerarquía de control y mando debe estar a cargo del universo. Las jerarquías además requieren, a la cabeza, un jefe máximo.

- Filósofos, religiosos, teólogos, científicos, especuladores, imaginativos, de todas las épocas, han discernido sobre la existencia de un dios y de jerarquías sobrenaturales. Algo, de estas discusiones humanas, puede ser cierto, pero apenas estamos en el proceso de desvelar que es lo verdadero y obtener las pruebas. Además de las leyes obvias que mantienen un orden, también, algunas mentes conscientes deben estar controlando el laberinto de la creación.

- La tierra en medio de la inmensidad del universo es un punto invisible y la vida debe ser prácticamente indetectable más allá de nuestro sistema solar. Es un imposible poder tratar de entender la inmensidad insondable del universo y de una vida espiritual como la nuestra. Sería arrogante pensar que nosotros, tan insignificantes, somos los únicos que hemos configurado jerarquías.

- La sola galaxia, la vía láctea, a la que pertenece la tierra se calcula que tiene un tamaño de más de 100.000 años luz. Es decir que una señal de radio emitida desde nuestro planeta para atravesar la galaxia demoraría 100,000 años. Es, un impensable que nuestra especie pueda alcanzar los dos cientos mil años que tomaría una comunicación de dos vías, a la velocidad de la luz, con otros seres similares a nosotros en el otro extremo de la galaxia. La comunicación con otras galaxias alejadas a millones de años luz es por ahora un imposible. En esa inmensidad la jerarquía debe existir.

- Elegidos que parece que somos, e iluminados desde otra poderosa dimensión, fuera de la natural, hemos entendido también que somos una especie, finita, creada, que continúa indefinidamente a través del tiempo mediante el eslabonamiento de una generación que muere con una que nace. Mientras no se rompa esa cadena podemos ir extendiendo y acumulando año tras año, siglo tras siglo, milenio tras milenio, sabiduría. Ésta nos permitirá entender y ser testigos de la complejidad de la creación. También nos permitirá ir desvelando las verdades incontables y aún desconocidas que componen la verdad absoluta. Esa realidad supone también jerarquías de conocimiento. Los jeroglíficos, los papiros, la escritura impresa, el arte perdurable, las grabaciones en computadoras, las fotografías, etcétera son memorias de nuestro pasado.

- En nuestro planeta tierra, los fenómenos tampoco se detienen. Son muy complejos pues a los fenómenos físicos, se agregan los que provienen del mundo de lo biológico, de los que están relacionados con el alma, con la convivencia social, con el comportamiento, con la ética, con la religión, con el uso de los recursos, con la economía y con el espíritu. A más conocimientos de estos, más jerarquía.

Guías que nos da esta verdad

- a) Mejorar la organización de nuestras sociedades y emprendimientos con jerarquías bien estudiadas y seleccionadas en cuanto a preparación y mentalidad o convencimiento éticos.
- b) Tengamos organizaciones evolucionadas, deducidas, mejoradas con la experiencia acumulada.

15

- c) Respetemos posiciones, funciones, responsabilidades y reglas.
- d) Cumplamos con las asignaciones encomendadas, coordinando y cooperando con la organización a la que pertenezcamos para obtener o lograr los fines colectivos.
- e) Es también preciso entender, que debemos continuar sin parar la investigación científica que nos nutre de conocimientos.
- f) Entender que la vida biológica está en la punta de la evolución y en el tope de las jerarquías del mundo natural que conocemos.
- g) Entender que esta vida biológica se inició desde partículas subatómicas que se ordenaron y combinaron siguiendo leyes preexistentes y jerarquías, en sus ámbitos de materia y energía, y fueron desarrollándose en el tiempo hasta llegar a los estados en los que hoy se encuentra.
- h) Es allí en el micro universo donde hay millones de misterios que están a nuestro alcance para desvelar gradualmente y utilizarlos. El mundo subatómico es físicamente y teóricamente posible de observar y manipular con nuestros cada vez más sofisticados instrumentos ópticos, tecnológicos y nano-métricos.
- i) Es allí, en el nano mundo, donde están los "principios" de la complejidad que luego se proyectan hacia lo inmenso (recordemos que la conjetura del big-bang comienza a partir de un punto). Es por allí por donde debemos escudriñar para fortificar, acumular y consolidar nuestros estudios y conocimientos.

- j) Por el otro lado es decir, en el extremo opuesto están las distancias enormes, inalcanzables del macro universo.

- k) Podemos observar, así sea con miles o millones de años de retraso la ocurrencia de fenómenos enormes, de estrellamiento de galaxias, de explosión de estrellas, etc. que simplemente nos recuerdan lo pequeños y vulnerables que somos.

- l) La velocidad límite teórica (la de la luz) y la imposibilidad de alcanzarla por parte de la materia (teorías de Einstein), nos señalan que nuestros esfuerzos para intervenir presencialmente en las profundidades de los misterios del universo extraterrestre son teóricamente inútiles.

- m) Tiene más sentido orientarse preferentemente hacia el nano universo al que sí es factible, científicamente, que podamos *intervenir.*

- n) En esa inalcanzable inmensidad del macro universo, de hecho se dan, con certeza científica, incontables e incuantificables fenómenos explosivos y destructivos con efectos que podrían borrarnos de la faz del universo de no mediar nuestros naturales blindajes y las descomunales distancias y el tiempo de miles de años luz que nos separa de ellos.

- o) Es sobrecogedor entender que nuestro planeta es como un hijo consentido y protegido por su creador. Fue puesto en el lugar preciso, con exactitud nano-métrica, distanciado de lo peligroso, pero estratégicamente cercano a lo vital. Nos regalaron este mundo, enjaulado o blindado con un campo magnético y con una espesa atmósfera que nos protege de los mortales rayos cósmicos y de aerolitos masivos y controla la entrada de materia o energías benéficas. A su vez, esas jaulas o blindajes, no son cárceles. Son blindajes, cierto, pero nos dejan libres y nos permiten salir, explorar, mirar y comunicarnos mediante nuestros sistemas e instrumentos ópticos, digitales, hertzianos, electrónicos, informáticos, etc. más allá de nuestro planeta. Permiten penetrar lo que sea benigno, como el calor y la luz del sol. Permitieron la llegada de los cometas cargados de agua que fabricaron nuestros océanos. Permitieron atrapar a los aerolitos que enriquecieron nuestros materiales (el oro llegó de esa manera). En el momento apropiado permitieron la entrada del gran aerolito que limpió el planeta del dominio de los dinosaurios que tal vez hubieran impedido el desarrollo de la obra maestra de dios: ¡*nosotros!*

- *p)* Sigamos, congéneres, la construcción de esta bella obra. Fortifiquemos el alma y cultivemos el espíritu. Éstos dos últimos son la única esperanza que tenemos de seguir viviendo en otras dimensiones y alcanzar lo eterno y la gloria de nuestro padre celestial.

Verdad número 3.

Lo material y lo biológico evolucionan hasta una meta y tiempo definidos y medibles. Después de alcanzadas estas metas se deterioran y se transmutan o mueren.

Las pruebas

- a) Toda vida biológica tiene su propia e inevitable muerte.
- b) Todos los seres vivos envejecemos.
- c) Hasta la materia se acaba. La materia y hasta la luz son devoradas gradualmente en los agujeros negros que existen en el universo. Es decir, para el universo material también habrá un fin.
- d) El espíritu no acaba, es algo más que energía y materia.
- e) La duración de nuestro cuerpo material está prefijado en nuestro ADN y así se dará si no intervienen situaciones adversas, accidentales e imprevistas.

Guías que nos da esta verdad

- La mortalidad inevitable y la conciencia de la decadencia física hacia la muerte nos enseñan a valorar la vida. Nos enseña que la materia acaba y que no está predestinada a ser infinita y eterna.
- El valor, del tiempo, en el contexto de los 70 ù 80 años del promedio de nuestras vidas, nos hace reflexionar más seriamente de la necesidad de un honesto y un buen obrar para con nosotros mismos, para con nuestro prójimo y para con la naturaleza. Tantos milenios, practicando lo contrario hará necesario tiempo similar o mayor para lograr purificarnos.
- Nuestro creador es paciente y puede esperar hasta la eternidad para llegar a la meta programada. Es como lo hace "la nada", que siempre deja que el

universo en expansión, encuentre lugar en ella. Podrían ser otros tantos miles de millones de años de espera para nosotros, mas no para dios, a quien no afecta el tiempo.

- Nuestra soberbia nos hace creer que por nuestros propios caminos de ciencia, de experimentación, de investigación, de avances tecnológicos y de tolerancia con lo malo, iremos desvelando muy rápidamente la verdad absoluta. Lo cierto es que avanzamos unos pasos pero frenamos nuestro ritmo de progreso al colocarle obstáculos con nuestro comportamiento en contravía. Cuando se obra mal contra uno mismo o contra alguien o contra algo esencialmente útil y bueno, lo que hay que esperar en últimas es decadencia, retraso, autodestrucción, venganza, odio, resentimiento, rencor, y daño para. Todas estas consecuencias esperadas, se multiplican en una escalada de sucesos de degradación y retraso de la evolución.

- El temor natural a la muerte propia es el único freno posible para el malvado incipiente. Para el malvado incorregible, es el único punto final o terminación material a sus malas obras. En nuestras sociedades la cárcel, el aislamiento social, la confinación con otros malvados es el castigo pero, no son garantía de regeneración del descarriado.

- Debemos poner atención a la necesidad de aprovechar eficientemente nuestro cuerpo cuando está en su crecimiento y en su plena capacidad para asimilar, fortalecerse y lograr alargar la vida celular lo máximo posible. El proceso de envejecimiento se puede hacer más lento si se practica una vida sana. Todo se consigue gradualmente y recorriendo el camino correcto.

- Contamos con un sistema automático de crecimiento físico, regulado por el ADN, pero también sabemos que aun los mejores planes se pueden atrasar o hasta dañarse si no se protegen y administran adecuadamente. Si no nos alimentamos correctamente, si ingerimos substancias perjudiciales, si no ejercitamos lo componentes de nuestro cuerpo y de nuestra alma (sentimientos, emociones, memoria, voluntad), estamos alterando el plan perfecto de nuestro crecimiento, tanto físico como mental.

- d) Tengamos presente la jerarquía impuesta en nuestro ser: d1) El ADN es el plan, es el diseño, hecho principalmente para el desarrollo y crecimiento natural del cuerpo, sus órganos vitales, los sentidos, sus células y su funcionamiento autónomo. d2) El alma es la que tiene el mando vital de todas las células que conforman nuestro cuerpo. Da la orden para las acciones conscientes. Un alma fortalecida y recta no pierde fácilmente el cuidado de sus células vivas. Rechaza naturalmente lo que hace daño. Un alma debilitada descuida sus células y acepta sustancias que crean adicción y autodestrucción. La muerte sobreviene cuando ya las células no son aptas para recibir órdenes del alma. d3) El espíritu maneja al alma. Su mando será sabio, si ha adquirido sabiduría evolucionando voluntariamente hacia lo perfecto. Un buen espíritu fortalece al alma debilitada, acongojada o deprimida por alguna desgracia. Impide que el alma sea esclavizada por vicios. Logra para que retome el mando de las células abandonadas. Esto último es muy importante de tener presente: un espíritu recto, virtuoso y sabio fortalece al alma que a su vez fortalece en el espíritu la conciencia de la necesidad y la conveniencia de ir desvelando verdades para llevar la vida por el camino acertado. En ese juego de dar y recibir, entre alma y espíritu, los conocimientos buenos logrados por el espíritu fortalecen la voluntad del alma de seguir viviendo y fortalecer las células del cuerpo. Se crea así una espiral ascendente de vida, como un todo armónico y completo. Al contrario, los pecados, los vicios y la ignorancia estancan al espíritu y al alma, haciendo un trabajo en dirección contraria al proceso de evolución natural. Conociendo las jerarquías fundamentales de nuestro ser y practicando los principios que se desprenden de ellas se nos alargaría positivamente la vida y su calidad.

- **"Nada es imposible estando con dios".** Nunca subestimemos lo que el poder de dios puede hacer a través de nosotros. Si dios decide hacer a través de nosotros cosas que están más allá de nuestra imaginación, él es el soberano y puede hacer esas cosas. El poder inmenso de dios está de manifiesto en todo lo creado, en todo lo que se mueve, en todo lo que tiene vida, en todas las energías, en todas las leyes que dan orden al universo, en el discurrir del tiempo, en nuestros pensamientos, en todo lo que ha puesto a nuestra disposición para sostener la vida. Si no existiera siempre presente ese poder de dios incoado y potencial en nuestro espíritu, los humanos no estaríamos en el nivel intelectual, filosófico, científico y tecnológico en que estamos. No hemos tomado conciencia de ello, no sabemos invocarlo, utilizarlo ni manejarlo. Aprendamos los caminos para que podamos acudir a él y aprovecharlo. Es axioma, es verdad obvia.

El siguiente escrito, que corrobora lo dicho arriba, es de una persona que trabajó durante años conduciendo camiones de carga pesada en el desierto del Sahara, al norte de África y que nos da su consejo:

"Hay cerca de 6 seis tipos de arenas diferentes en esa rutas y cada una de ellas afecta la conducción del vehículo de manera diferente. Si uno encuentra una cierta arena diferente, delante de uno, necesita modificar y acudir a la potencia de la dirección asistida (mecánica, eléctrica o hidráulicamente) del camión para evitar quedarse atascado en la nueva arena que va a encontrar adelante. De esta forma puede uno maniobrar el timón con un solo dedo gracias a esa dirección de poder que tiene el camión. Por supuesto no es la potencia de nuestro dedo la que maneja o cambia la dirección del vehículo. Eso lo logra la potencia del mecanismo electromecánico hidráulico con que el vehículo viene dotado y que allí está presente aunque invisiblemente. Y tampoco podemos quedarnos sentados mirando, sin hacer nada para que el camión tome las decisiones de mover o no las grandes llantas en la dirección correcta. Necesitamos mover nuestros brazos y colocar nuestras manos sobre el timón y maniobrarlo adecuadamente".

"Así es con nuestras vidas.

No podemos cambiar la dirección en la que vamos ni aunque nos percatemos de los peligros a los que estamos abocados o expuestos si seguimos en esa dirección incorrecta y si simplemente no hacemos nada por nuestra cuenta y esperamos cómodamente a que sea el poder de dios el que maniobre nuestra dirección. Debemos esforzarnos en alcanzar, tomar y agarrar y maniobrar el timón de nuestras vidas y después de hacerlo, mostremos nuestra voluntad de no atollarnos o detenernos ni envilecernos. Es aquí, cuando y donde entra a trabajar el tremendo poder de dios para lograr que se realice lo que parece imposible. Es así como funciona el poder en el reino de lo sobrenatural. Siempre que cumplamos nuestra responsabilidad, que hagamos nuestra parte, dios hará la suya".

Bella Oración concomitante:

Gracias padre celestial por llenar mi alma con tu espíritu santo y darme así la fuerza para poder vivir en armonía con tu voluntad. Ayúdame a contar siempre con tu gran poder y a no tratar de vivir o servirte sólo con mis propias fuerzas. Aliméntame de tus verdades y fortalece mi alma para que ella pueda retomar y no vuelva a perder el mando de todas las células vivas de mi ser, para que recobren el camino del plan perfecto que Tu les diseñaste al_crearlas y se borren todas las imperfecciones causadas por mis pecados y los de la humanidad. Amén.

Verdad número 4.

El universo es lo que" es" y no lo que imaginamos o deseamos que sea.

Las pruebas:

- Si imaginamos o deseamos, por ejemplo, que podemos viajar al pasado o al futuro, finalmente tenemos que aceptar que esa expectativa no es real. El tiempo siempre avanza en una sola dirección y no puede retroceder ni adelantarse al presente. El futuro va llegando gradualmente a su debido momento y entonces, cuando llega, no será futuro sino presente.

- Pensamos que el creador del universo no necesita nuestro testimonio de su gloria y de su existencia pero, lo evidente es que nos dio la vida y la inteligencia que nos permite filosofar y pensar en él. Le reconocemos, le adoramos y le agradecemos por lo que tenemos y lo que esperamos de su infinita generosidad en la eternidad.

- Pensamos que algún inentendible poder nos creó y nos dio libertad pero que nos abandona a nuestra suerte y a los azares del complejo universo que no podemos abarcar ni dominar. Pero: no es cierto. También hemos podido constatar que nuestro respeto a sus leyes, le complace y que cuando actuamos en la dirección recta sin contravenir las reglas, ese poder no nos abandona sino que nos protege de calamidades y desgracias y nos permite multiplicarnos en millones y fortalecer nuestros espíritus sin limitación alguna.

- Elucubramos que existen otros mundos con vida similar o mejor o más evolucionada que la nuestra, ya sea en esta galaxia u otras. No podemos ni queremos aceptar la posibilidad (¿o la verdad?) de que somos la punta del proceso evolutivo del universo. Pero, a miles de años luz de distancia de nuestro planeta, todavía no se ha encontrado ni una sola traza, ni señal, ni evidencia de vida biológica, ni mucho menos de vida inteligente.

- Pensamos que podremos viajar a otras galaxias. Pero lo real es que no existe posibilidad científica de que podamos viajar a la velocidad de la luz ni mucho menos, de que podamos alcanzar en la duración de una típica vida humana ni la milésima distancia para atravesar nuestra propia galaxia.

- Pensamos que lo único que existe es la materia, la energía, lo bilógico, el espacio y el tiempo. Pero también existen las almas y los espíritus que actúan en dimensiones diferentes.

- Deseamos que no exista el mal. Pero el mal está ahí, siempre acechando, esperando un descuido para atacar, o tentar, o convencer, o engañar, o destruir, o dañar, o corromper.

- Imaginamos que las substancias o drogas euforizantes y las tranquilizadoras son inocuas o inofensivas para la salud del cuerpo o del alma. Pero la drogas crean gradualmente adicción, daño a neuronas, a algunos órganos vitales, envejecimiento, irresponsabilidad, esclavitud del alma, conflictos, ilegalidad, decadencia y llevan a la autodestrucción.

- En fin, pensamos e imaginamos muchas cosas que no tienen sustentación real pero la verdad comprobada es otra. Es lo que "es".

Guías que nos da esta verdad

- Vivir, actuar, convivir, educar, aprender, en la dirección que señala la ética, las leyes naturales, la convivencia pacífica, la sabiduría, el respeto, la armonía, la generosidad, en la dirección de la evolución que nos perfecciona. Así como lo ha hecho el universo para permitir la llegada de la vida y su marcha hacia lo ignoto.

Verdad número 5.

Solo lo completamente perfecto no requiere evolucionar. Todo lo que no ha llegado a su total perfección tiene que evolucionar pues esta es un mandato.

Las pruebas:

- Solo dios puede ser perfecto porque está en el tope de todas las jerarquías. Porque su diseño, su plan, su ejecución, sus leyes para todo lo que existe son perfectos. Lo que está avanzando hacia la perfección solo puede venir de lo perfecto. Por eso, tenemos la certeza de que él es perfecto. Para él, único, no aplica la ley de la evolución porque su perfección es infinita, ya no requiere más, ni le cabe más. Después de él no hay evolución posible.

Guías que nos da esta verdad

- Nuestras imperfecciones son evidentes. Nos enfermamos. Cometemos errores. Somos soberbios, irritables, rabiosos. Somos propensos a dejarnos esclavizar de los vicios. Somos egoístas. Somos perezosos. Fácilmente atraídos de tentación por el mal, por la codicia, por el dinero, por la vanidad. No hay duda: tenemos que evolucionar para corregir tantas fallas y errores. Por eso, bien se dice que así como la vida es un mandato y no una elección, así también lo es la ley de la evolución. Nuestra meta lejana, aunque es inalcanzable para nosotros como mortales, debe ser la reintegración a la esencia perfecta de la que fuimos desprendidos cuando fuimos creados. Estamos, por medio de nuestros espíritus, habilitados para llegar allá. Ese es el gran premio mayor, de los que se esfuerzan cada vez en ser mejores. Mientras llegamos a ese fin extremo, tendremos en el recorrido premios de consolación y de estímulo que nos harán siempre grato y tonificante el esfuerzo y la voluntad que pongamos para lograrlo.

- La vida es un regalo precioso que apenas comenzamos a entender en este mundo material gracias a las pruebitas placenteras que alcanzamos a tener. El dolor, las miserias, el ofuscamiento, las frustraciones, las injusticias, el remordimiento, y todas las demás tribulaciones son las señales de que no lo estamos haciendo bien y que debemos cambiar el camino elegido para que el padre bondadoso y perfecto no nos abandone a nuestro, mal manejado libre albedrío y a las tristezas y dolores que eso acarrea.

Verdad número 6

El universo no ha llegado a la perfección absoluta. Siempre ha estado, está y seguirá evolucionando.

Las pruebas:

- Los astrónomos y científicos han verificado con bastante certeza la explosión de estrellas, las supernovas, la combinación o conflagración de galaxias, la actividad solar, los cambios y movimientos continentales en nuestra tierra, los terremotos, la actividad volcánica, el cambio climático, la evolución biológica. Todo en el universo viaja y se separan cada vez más muchas de sus partes alejándose hacia un infinito desconocido e inimaginable. Todo indica que el universo no es estable. Que cambia continuamente. Lo que cambia es porque no ha llegado a su estado de perfección absoluta o al destino de máximo desarrollo que se le tiene reservado para dar por concluida, como perfecta, esa obra.

Guías que nos da esta verdad

- Nosotros somos parte del universo y sabemos que somos una parte infinitesimal de ese universo y aunque pareciera que estamos aislados y blindados del resto de lo existente fuera de nuestra tierra, no es así. Muchas cosas extraterrestres nos tocan y sostienen o respetan nuestra existencia. La luz y el calor del sol son vitales para nosotros. Las fuerzas gravitacionales nos mantienen bien ubicados en la órbita solar adecuada para sobrevivir. A pesar de lo blindado y protegidos que estamos de los acontecimientos transformativos del universo extra terrestre, siempre estamos cambiando. Si estamos cambiando significa que nosotros como el universo tampoco hemos llegado a la esencia del ser perfecto. Porque, mientras estemos aquí, en el mundo físico, hacemos parte de este universo que se transforma. En el mundo natural no se vislumbra la posibilidad de la perfección. Solo es racional pensar que se podrá lograr la perfección donde ya sean otras las leyes que rigen en ese nivel. Con las leyes que nos gobiernan en este mundo o universo que habitamos, la perfección es inalcanzable aquí. Es necesario que podamos pasar a otra dimensión de donde no exista, por ejemplo, la ley de la muerte. Aceptemos que estamos muy lejos de alcanzar la perfección si solo nuestra permanencia fuera posible en el mundo natural.

Verdad número 7

Lo evolucionado en el mundo material, ya no retrocede espontáneamente pero sí se acaba al completar su destino.

Las pruebas:

- La muerte humana es la destrucción física de lo que ha evolucionado el cuerpo pero no es retroceso pues esa evolución se la lleva el alma. El alma transformada por el grado de evolución logrado queda apta a un cierto nivel o jerarquía para entrar a otras dimensiones por fuera de lo material.

- En el presente y desde la prehistoria el final sucede en lo que existe. Planetas que tuvieron agua y atmósfera los perdieron y aunque quedaron las huellas que nos permitieron saber de su existencia esa agua o esa atmósfera son materiales y deben estar en otro lugar pero no será precisamente en un ámbito espiritual pues, que sepamos ni el agua ni el aire tienen espíritus. Si los tienen, no lo sabemos.

- Todos los dinosaurios de nuestra antigua tierra, en su mejor punto de evolución, fueron destruidos pero no retrocedieron a su existencia unicelular.

- Nuestros casi antepasados, los neandertales fueron gradualmente borrados de la faz de la tierra pero no retrocedieron lo que habían evolucionado.

- Por otro lado, el homo sapiens no ha dejado de evolucionar y crecer en conocimientos. Ni las guerras, ni las enfermedades, ni las calamidades del clima, ni las inestabilidades de la corteza terrestre han logrado hacer retroceder la evolución del homo sapiens.

- También sucede así con otros seres y la materia. Se ha constatado este hecho en el reino animal y vegetal y en los elementos atómicos de la tabla periódica. En el mundo atómico, puede dividirse por fisión un cierto átomo estable de número superior y convertirlo a otro de nivel inferior mediante el bombardeo a sus núcleos y con gran desprendimiento de energía (bombas nucleares), más esto no puede considerarse como un retroceso natural de su evolución.

Guías que nos da esta verdad

- La muerte humana no es un retroceso en la evolución. Es "lo vital" que se separa de su residencia física cuando ya está inservible o destruida pero, no se separa de su aliado espiritual. Esa separación (la muerte) constituye una etapa de la evolución del ser humano y una vez cumplida ya no tiene retroceso. Tenemos conciencia, hasta nuestro último suspiro, de lo que crece o ha evolucionado nuestro espíritu. Lo constatamos en las facultades mentales que dejan ver muchas personas al borde de la muerte. El alma se va con el paquete de lo que se ha adquirido en vida y que pertenece al mundo de lo inmaterial. La materia sin vida no le quita ese paquete porque no le pertenece a su mundo.

- Las percepciones paranormales demuestran que los seres espirituales, los que logran manifestarse de regreso al mundo perceptivo, conservan memorias y sentimientos de su vida material. Creer en esto tiene sentido, pues procedemos de lo infinito, o sea, que tenemos parte de nuestra esencia en la dimensión de lo inmaterial.

Verdad número 8

El nivel de evolución hacia la perfección configura jerarquización.

Las pruebas:

- Lo confirmamos en cualquier momento simplemente observando el mundo biológico. La especie humana está inobjetablemente en el tope de las jerarquías de la vida porque es la única especie que ha evolucionado en las dimensiones espirituales del intelecto, de la ciencia, de la tecnologías, de las artes, de la creación, de la neurología, etc.

- Es obvio que el mundo vegetal y el mundo animal están en niveles menores que los nuestros. Tienen el impulso vital pero estamos convencidos de que no tienen espíritu dentro de ellos porque no les conocemos manifestaciones intelectuales. Podríamos estar equivocados en relación con los animales y plantas y aún con la materia pues podría ser un asunto de niveles intelectuales de otras jerarquías que aún desconocemos.

- Cada vez encontramos más sorpresas en los misterios de la vida pero este desconocimiento no invalida esta verdad 8.

Guías que nos da esta verdad

- Estamos en la especie superior sobre la tierra porque esta condición nos fue regalada por nuestro creador. Dentro de esta especie superior ya se han configurado jerarquías de una forma natural entre nuestros grupos sociales y entre nuestras naciones. Aun que existan excepciones, entre muchos de los que ocupan altas posiciones, sentimos, deseamos y creemos que para llegar honrosamente a jerarquías superiores debe uno ganarse el derecho con merecimientos, con constancia, con lucha, con humildad, con excelentes cualidades humanas como alta capacidad intelectual, preparación técnico científica, ecuanimidad, espíritu de superación y muy buenos principios morales o éticos.

Verdad número 9

La muerte o el final de lo biológico o lo material determina el hito de evolución que pudo alcanzar esa creatura en la dimensión natural.

Las pruebas:

- La metodología clásica que utiliza, por ejemplo, la antropología para evaluar la evolución del ser humano en sus aspectos físicos, sociales y culturales consiste esencialmente en analizar los restos de los muertos en las tumbas o mausoleos de una determinada cultura o época. Algo similar hacen los paleontólogos para el estudio de los animales, especialmente de aquellas especies desaparecidas. El nivel físico o intelectual al que llegaron a alcanzar los individuos que fenecieron, justo en el momento final de sus vidas, fue su hito de evolución pues solo hasta allí pudieron llegar en el mundo material. No hay para ellos más oportunidad en este paso por esta dimensión. Los evaluamos a través de sus realizaciones, de su comportamiento social en vida y de sus escritos y pensamientos dejados o recordados. Pasaron a la otra dimensión, a la de solo almas y espíritus, con los sentimientos, recuerdos, conocimientos y sabiduría que hasta allí lograron.

- Esto último es lo visible o comprobable en las experiencias paranormales percibidas por personas vivas (médiums, parapsicólogos, etc.) que tienen aptitud para ello. Conocer más de las profundidades de los espíritus de las personas finadas es un imposible y es un secreto que se llevan a sus tumbas y el más allá.

- El hito de evolución espiritual al que pudieron llegar en vida constituirá la jerarquía a la que entran en la siguiente dimensión de vida.

- La evolución "suma" de todas las que tienen origen en las experiencias sensoriales o físicas, más las experiencias que tienen origen en sentimientos del alma, de satisfacciones espirituales, de conocimiento de verdades filosóficas y religiosas es la que pasa a la siguiente dimensión.

Guías que nos da esta verdad

- La vida en este mundo es la gran escuela para educar nuestro espíritu y graduarnos con honores y alto nivel para entrar por la puerta grande de la otra dimensión, de la dimensión sobrenatural.

- Como en toda escuela sólo se nos da la promoción para otra escuela de más alto nivel si hemos cumplido con el tiempo de preparación y si hemos pasado los exámenes de evaluación final. Esto se da si hemos llenado todos los requisitos y si hemos sido diligentes, aplicados y respetuosos. Se te ha dado la oportunidad de estudiar y crecer en esta vida pero, si no la has tomado, es tu propia responsabilidad de quedarte atrás y no avanzar a otra más alta jerarquía.

- En lo que respecta a la gran escuela de la vida, a continuación hacemos una lista de apenas unos pocos estados en los que nos podría encontrar la muerte y que determinan fuertemente el nivel de preparación que logramos alcanzar en el medio material natural antes de morir y con el cual entraremos al más allá:

a) en armonía con los demás
b) amando a nuestra familia.
c) amando a nuestros congéneres.
d) respetando las leyes de dios.
e) respetando las leyes naturales.
f) siendo buenos ciudadanos y seres sociales.
g) con buenos conocimientos filosóficos, religiosos, sociales y científicos.
h) con voluntad de estudiar más y más.
i) con misericordia y piedad por los demás.
j) con temor a que se conozca la verdad de nuestras acciones escondidas y tratando de ocultar nuestras obras que sabemos, en lo profundo de nuestro ser, que a alguien tuvieron que hacer daño.
k) con envidia del bien ajeno.
l) con odio a los de mayor jerarquía.
m) con codicia de riquezas innecesarias
n) con egoísmo extremo de lo propio.
o) engañando y estafando a los demás o a sí mismo.
p) robando lo que no le pertenece.
q) esclavizado por el licor o las drogas o los vicios.
r) negándose a la comunicación honesta con los demás.
s) maltratando, torturando, golpeando o asesinando a otro u otros de sus congéneres.
t) abusando sexualmente de otro.
u) alabando o estimulando o azuzando la maldad.

v) aprovechándose de la debilidad o ignorancia de los demás.

x) enseñando mentiras a los niños o al que no sabe y aprovechando su ingenuidad para corromperlos.

y) con la conciencia depurándose.

z) corrigiendo la dirección de su propia vida, enmendando los daños causados, alejándose del pecado, de lo malo y lo moralmente sucio.

Todos los demás estados que vengan a su mente, querido lector, no vacile en agregarlos con sinceridad profunda desde su corazón y medite sobre ello. Es un excelente ejercicio.

Equivocados están los que piensan que, no importa lo que se haga en este mundo, ya sea bueno o malo, pues al morir todo se olvidará o desaparecerá.

Por el contrario, lo que se haga queda grabado automáticamente en algún gran archivo.

Todo tendrá valor, y repercusión, y créditos, y recompensas, y remuneración, y obligaciones, y deudas o premios, y responsabilidad, y reparaciones o compensaciones, en la o las siguientes dimensiones.

Muy conveniente resulta la filosofía de los malvados para sus desenfrenos, irrespetos y sus ventajas sobre los demás. Odian la luz y la verdad para que no se descubran sus iniquidades.

La lógica tampoco acepta eso. No es racional ni creíble para la mente ni el corazón. Es incongruente con el sentido y la definición de la justicia. Dios es infinitamente justo. Todo lo ve y nadie lo engaña. Nos dio el libre albedrío para que fuéramos responsables de todos nuestros actos ante el gran juez y para que nosotros mismos nos fuéramos clasificando socialmente y ante dios y para que lleguemos solo adonde seamos merecedores de llegar.

Verdad número 10

*La realidad que vivimos en el ahora, y la que vivimos en el pasado **no** nos lleva a concebir una sociedad igualitaria.*

Las pruebas:

- Libre albedrío es la libre potestad de obrar según la propia reflexión y elección. Las fronteras de esta elección son el bien total o la eliminación total de este (el mal). Es obvio que entre estos dos extremos hay necesariamente una escala de elecciones que al acercarse a una de las dos fronteras se aleja consecuentemente de la otra. El libre albedrío marca, a la especie que lo tiene, con lo que suelen llamarse: las clases. Dependiendo de lo que cada uno elija se ubicará en una de esas clases. Mantenerse dentro de una de esas clases o pasar a un nivel superior o inferior de clases dependerá del propio esfuerzo o apatía para lograrlo. Habrá pues clases determinadas por el nivel de sabiduría o ignorancia, o por el nivel de riqueza honesta o mal habida, o por el nivel de pobreza, o por el nivel de bondad o inequidad, o en fin… por el nivel de virtud o de pecado. No hay escapatoria, las clases no pueden ser eliminadas. Ni siquiera es lógico esperarlo en la dimensión sobrenatural pues en aras de la justicia allí debe haber jerarquías. A la final será la voluntad del todopoderoso dios la que defina el tipo o la cantidad de clases que quedarán o sí simplemente nos integrará a su divino ser. Eso es posible en la medida de que nos acerquemos voluntariamente al infinito bien pero siempre habrá jerarquías.

Guías que nos da esta verdad

- No tiene sentido luchar para eliminar por *decreto las* clases sociales. Los sistemas de gobierno que han tratado de hacerlo a la fuerza han fracasado. Es más bien un asunto de educación, buena formación de voluntad y esfuerzo para superarse.
- La existencia de las clases sociales es una consecuencia lógica del libre albedrío que ni dios ha querido quitarnos.
- Manejemos, el libre albedrío con responsabilidad, en el camino constructivo de la verdad y con toda seguridad subiremos en nuestra escala social.

Verdad número 11

La evolución del espíritu acá en tierra se asimila a una curva asintótica con el infinito. Crece exponencialmente hacia esa meta.

Las pruebas:

- Al prestar atención al avance histórico de la humanidad, observamos que en los comienzos de las civilizaciones el avance fue muy lento. Al correr de los siglos se notaron avances relativamente significativos pero aún muy lentos. En el siglo quinto antes de cristo aparecieron en el contexto de las civilizaciones conocidas, los griegos que dieron una gran preponderancia al espíritu y a la filosofía. Hubo entonces un empuje notorio pero con ligera decadencia algunos años antes de que apareciera Jesús Cristo.

- Fue al iniciarse la era cristiana que se inició el gran salto importante del ser humano para traerlo en estos últimos dos milenios al sitio de progreso, de aumento de población, del pensamiento libre, del abandono progresivo de la esclavitud, de la ciencia profunda, de tecnologías de avanzada, de comunicaciones digitales e inalámbricas, de comercio mundial, de agricultura intensiva, de salida al espacio extraterrestre, de respeto a las diferentes poblaciones, de disminución del racismo, etc., etc. Es cierto, nos falta muchísimo pero la realidad es que ya estamos avanzando en asintótica con el infinito.

A continuación transcribimos una gráfica ilustrativa publicada en internet que explica mejor esta prueba:

ATLAS DEL CONOCIMIENTO HUMANO:

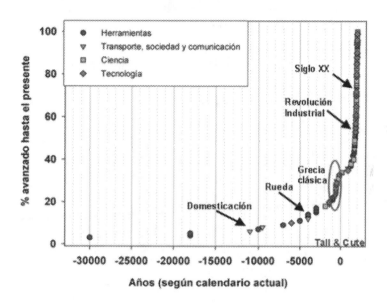

La representación del avance en el conocimiento entendido como la acumulación de descubrimientos, teorías e invenciones a lo largo de la historia. A todos los avances se les ha asignado el mismo peso para no introducir valoraciones personales. Esta historia comienza hace 30000 años cuando ya teníamos 4 pilares básicos: la capacidad de comunicación, el control del fuego, la pintura y las armas básicas.

Herramientas: ábaco, brújula, arado, guadaña, rifle, espada, lentes oculares, sierra, reloj, reloj de péndulo, telar, aguja, vela, balanza, cuenco, telescopio, nivel, anzuelo, cincel, rueda, microscopio. **Transporte, comunicación y sociedad:** dinero, mercado libre, domesticación, agricultura, propiedad privada, democracia, internet, escritura, cine, contenedores, ferrocarril, telégrafo, teléfono, radio, televisión, Ley de Derechos Humanos, ateísmo, humanismo, filosofía, método científico, carabela, satélites, imprenta, sextante. **Ciencia:** número 0, número pi, esfericidad de la Tierra, heliocentrismo, estructura del DNA, tratado de anatomía humana, selección natural, penicilina, leyes de la herencia, gravitación universal, relatividad, teoría cuántica, teoría celular, secuenciación del genoma humano, Big Bang, tabla periódica de los elementos, fusión fisión nuclear, laser, semiconductores, anestesia, tectónica de placas, desarrollo embrionario, vacunación, leyes de la termodinámica, ley de conservación de la masa, descubrimiento de los microorganismos, radiactividad, Principio de Arquímedes. **Tecnología:** coche, ordenador, electricidad, papel, microchip, acero, máquina de vapor, astrolabio, fermentación, pasteurización, carrera espacial, Alto Horno, uso del petróleo, bombilla, cámara fotográfica, fibra óptica, agua corriente, tecnología inalámbrica, la píldora, escáner, bomba atómica, caucho, aviación, potabilización del agua.

Guías que nos da esta verdad

- Estamos en la era del progreso acelerado. Así lo muestra la realidad de lo que viene pasando en la historia.
- La evidencia nos muestra que en el lejano pasado de una humanidad primitiva poco avanzamos. Estábamos apenas aprendiendo lo que implica la responsabilidad de nuestro libre albedrío.
- La curva del crecimiento de la población y de los conocimientos del ser humano mostrados

arriba nos indica apertura del Todo poderoso para permitirnos desvelar verdades. Es también convergente con lo que se nos trata de enseñar sobre la misión de Jesús Cristo.

- No quiere nuestro Padre Celestial que otra catástrofe como la de la extinción de los dinosaurios nos suceda y hasta nos borre del mapa.

- En los últimos 2500 años hemos sido bendecidos con la aparición de filósofos de la verdad en Grecia y después con las enseñanzas de Jesús (hace 2000 años) para invitarnos a la reflexión y darnos muestras más sencillas, elementales y humanas de la real existencia de un dios y recordarnos lo que El espera de nosotros.

- En esa evidente inalcanzable inmensidad del macro universo, de hecho se dan, con certeza científica, incontables e incuantificables fenómenos explosivos y destructivos con efectos que podrían borrarnos de la faz del universo de no mediar nuestros planificados blindajes y las descomunales distancias y el tiempo, de miles de años luz, que nos separa de ellos.

- Es sobrecogedor entender que nuestro planeta, de vida, es como un hijo consentido y protegido por su creador. Fue puesto en el lugar preciso, con exactitud nano métrica, distanciado de lo peligroso pero cercano a lo vital. El campo magnético y la espesa atmósfera nos protegen de los mortales rayos cósmicos y de aerolitos.

- Nuestros blindajes, no son cárceles. Nos dejan libres y nos permiten salir del planeta, explorar, mirar y comunicarnos mediante nuestros sistemas e instrumentos ópticos, digitales, informáticos, etc.

más allá hacia el espacio profundo. Dejan penetrar lo que es benigno, como el calor y la luz del sol. Permitieron la llegada, en su momento oportuno, de los cometas cargados de agua que fabricaron nuestros océanos. Permitieron la entrada a los aerolitos que enriquecieron nuestros materiales y no detuvieron la entrada del gran aerolito que limpió el planeta del dominio de los dinosaurios que tal vez hubieran impedido el desarrollo de los humanos, la obra maestra hasta ahora conocida de dios.

- Se están dando realidades que para algunos son señales de que está llegando a nosotros, gradualmente, el reino de dios. Todo proceso toma su tiempo.

Verdad número 12

La existencia del ser humano, la que percibimos, la que creemos tener mientras estamos vivos, transcurre en el mundo de lo natural.

Las pruebas:

- Estamos completamente sometidos al mundo de las leyes naturales y a las de nuestra interrelación l con los otros seres con los que convivimos.
- Creemos que tenemos un alma y un espíritu. *Sospechamos que son sobrenaturales, aunque* están sometidas al mundo natural mientras estén adheridas al cuerpo. El alma es el impulso que extrae la energía del mundo material para dar vida a nuestro cuerpo, para regular nuestros órganos de

función automática, y es también el sentimiento. El espíritu es la apertura al crecimiento intelectual, a la sabiduría, a la bondad, a lo sobrenatural. Si elegimos mal el camino, el espíritu se estancará, y se degradará y llevará a lo maligno y a la muerte prematura del cuerpo.

Guías que nos da esta verdad

- Todas nuestras acciones deben marchar dentro de lo natural desprendiéndose de lo antinatural, de lo imaginario y de lo que tuerce el sentido de nuestra integridad, de nuestra sexualidad, de lo que la naturaleza planeó para nosotros, de nuestras capacidades y de la armonía social y del respeto al prójimo.
- Si estamos vivos, estamos en evolución y, si estamos en evolución, estamos en movimiento y, si estamos en movimiento, estamos bajo el impulso de la fuerza dominante de las muchas fuerzas que actúan sobre nuestro ser.
- Nuestro cuerpo y nuestro espíritu, unidos, son como una pequeña esfera en el espacio. Es incontable e inconmensurable el número, la dirección, el sentido y la potencia de las fuerzas físicas y espirituales que pueden estar aplicadas en esa pequeña esfera. Siempre hay una resultante de todas esas fuerzas, que quiebra el equilibrio sutil y nos imprime la dirección hacia donde nos movemos. Debemos pues entender que nacimos con una fuerza predominante que nos hizo especie humana. Que nos hizo hombres o mujeres. Que estamos dentro de un gran plan.

- No pretendamos cambiar esas órdenes fundamentales. Cambiemos lo que estamos llamados a cambiar para crecer. Continuemos en la dirección de la creación, no en contra de ella. No tiene sentido desgastarnos tratando de oponernos a la dirección correcta de la evolución, así sea que el libre albedrío nos permita intentarlo.

Verdad número 13

Somos seres multidimensionales. Operamos, mientras somos seres vivos en la tierra, en un plano o nivel físico, y en un plano o nivel más elevado dentro de nuestras mentes. Después de la muerte física operaremos en otras dimensiones diferentes de la natural.

Las pruebas:

- Estamos amarrados al espacio y al tiempo mientras estamos vivos físicamente. Nuestros cuerpos y nuestros sentidos nos permiten la interrelación y las comunicaciones con el mundo material.
- Por medio de la tecnología podemos ampliar nuestra percepción sensorial y comunicarnos a larga distancia y percibir energías fuera del alcance directo de nuestros sentidos y que están en universos paralelos y hasta en otras dimensiones o frecuencias.
- Nuestro entendimiento, nuestras mentes, alma y espíritu, pueden abstraerse para filosofar, fantasear, imaginar, razonar, calcular, amar y otras acciones que se efectúan en otros niveles por fuera del material. Los sucesos paranormales indican que esa capacidad perdura después de la muerte cerebral.

Guías que nos da esta verdad

Actuemos con la certeza de que esta vida material es solo un peldaño en la escalera infinita de nuestra existencia y actuemos también con la certeza de que esta vida material tiene un propósito, y que éste no puede ser, por lógica, el de hacer el mal, o el de retrasar o tratar de destruir el plan perfecto de todo lo que crece y se da naturalmente.

Aceptemos vivir con la fe en la protección del padre supremo para sus hijos que respetan sus designios y sus reglas y con la firme esperanza de alcanzar las otras dimensiones más perfectas y de complacencia espiritual cercanas a nuestra esencia fuente.

Verdad número 14

La elección de la rectitud en las palabras promueve las acciones hacia la perfección.

Las pruebas:

- La rectitud en las palabras consiste en lo directo, lo sincero, respaldado, justo y verdadero con que hablamos o escribimos.
- Es un hecho que usar palabras respetuosas, entendibles, amables, racionales, decentes, éticas, honestas, amigables, verdaderas, confiables, no sólo revelan un alma culta y educada sino que van purificando el intelecto propio y el auto respeto.
- Las palabras rectas generan en nuestra voluntad también el impulso de la acción moral, veraz y

47

correcta que compruebe o respalde lo que decimos y justifique la credibilidad hacia nosotros.

• Aquel que teme hablar es porque no confía en sí mismo, porque no se ha esmerado en lograr un buen vocabulario, porque tiene un lenguaje soez, bajo y ofensivo. Sólo se siente capaz de hacerlo en ámbito de personas de bajo mundo, para amenazar, para asustar, para demostrar que puede ser el rey, de los malvados, claro. Teme hablar ante la buena gente porque puede ser descubierto en su malignidad interior o en su poca calidad.

• Quien no cultiva su lenguaje disminuye su capacidad comunicativa y entorpece su relación con el mundo exterior benigno. Está en desventaja con respecto a los que sí saben hablar.

• Los que dominan más de un idioma inician con ventaja, la competencia por las altas jerarquías de la vida.

Guías que nos da esta verdad

• Cultivar el lenguaje hacia la decencia, la calidad y la riqueza del vocabulario.

• Eliminar las palabras soeces propias de la ordinariez.

• Fomentar la autoestima con el buen hablar.

• Perfeccionar el arte de la comunicación productiva con los demás.

Verdad número 15

La conciencia de la fragilidad, la vulnerabilidad y la mortalidad son el control de la soberbia.

Las pruebas:

- Sentirse muy fuerte, imbatible, el mejor y casi inmortal es un gran error que nos lleva a la soberbia.
- La soberbia nos lleva a cometer imprudencias, locuras, enfrentar riesgos sin sentido, y desafíos e irrespetos al prójimo, a las leyes, a la sociedad y a la naturaleza.
- La soberbia generalmente termina llevándonos a la subestima de los demás, al crimen, al fracaso, a la invalidez y a la muerte.
- Por algo dice el lema:" la naturaleza no ama a los soberbios".Y es por eso que la naturaleza se ingenió sus formas de acallar al soberbio: recordándole su fragilidad, su vulnerabilidad y al final su muerte.

Guías que nos da esta verdad

- No olvidemos jamás estas verdades: a) No somos ni seremos los más fuertes. Siempre hay cosas y/o seres mucho más fuertes que nosotros en la naturaleza. Siempre hay alguien mejor que uno b) Todos somos vencibles. c) Envejecemos y morimos, con certeza. d) Somos absolutamente frágiles de cuerpo y hasta el espíritu se deja corromper.e) Actuemos con moderación y con conciencia de lo que somos. No nos dejemos contaminar por la enfermedad de la soberbia.

Verdad número 16

Los testimonios dados por los humanos no son plenamente creíbles y confiables pues son muy vulnerables y cambiantes ante factores sociales, políticos, religiosos, raciales, de las épocas, del desarrollo, de la conveniencia, del interés, del temor, de la honestidad, de la ignorancia, y muchos más.

Las pruebas:

- Ningún juicio que se sigue a delincuentes, en nuestras modernas y aún también en nuestras antiguas sociedades, acepta de hecho los testimonios humanos en contra o a favor del individuo juzgado.
- Esto sucede precisamente porque la experiencia ha demostrado que los humanos son proclives a colocar por encima de la verdad, a sus intereses o sus temores.
- En el presente ni aún con los avances de la tecnología, de la medicina, de la neurología, de la psicología, de la hipnosis, ni de cualquier otro medio ha sido posible descubrir la verdad oculta en los espíritus de los humanos. Solo las pruebas y evidencias materiales permiten confirmar la culpabilidad o inocencia de un enjuiciado.
- Por esta verdad es tan difícil, por ejemplo, afirmar que religión de las que existen en el mundo es la verdadera pues todas están fundamentadas en

historias relatadas o inventadas por seres humanos. Pruebas o evidencias de milagros y sucesos sobrenaturales no son posibles.

Guías que nos da esta verdad

- Siempre hay que analizar muy juiciosamente las historias, los escritos, las afirmaciones de los demás, sobre todo, aquellos que no tengan sustentaciones comprobables. No pueden ser aceptadas, tales afirmaciones, como verdades si, entre otras cosas, no tienen una lógica filosófica, o matemática o científica.

- Mantener presente que, en principio, las verdades dudosas no pueden contradecirse con otras verdades comprobadas pues todas las verdades, en últimas, son términos o partes de una serie continuada e indefinida de verdades discretas o parciales que configuran en su sumatoria la verdad absoluta. Deben ser filosóficamente convergentes pues todas están conduciendo a la misma meta. Comencemos por creer las verdades evidentes y axiomáticas. Sigamos buscando más verdades obvias en todo lo que existe, para dar más estructuración a nuestras actuaciones y juicios.

Verdad número 17

Nuestra imaginación siempre está atada a nuestras concepciones.

Las pruebas:

• Un ejemplo clásico está ligado a una de nuestras concepciones más acomodaticias y provenientes del mundo material y social en el que vivimos. Se trata de la casi generalizada concepción de que lo que más nos acerca al éxito y a la felicidad personal es, el poder y la riqueza. Hemos colocado estos objetivos por encima de todos los demás valores. La riqueza y el poder han pasado a ser nuestro dios. Esta concepción parece que se ha venido incubando en lo profundo de nuestro ser desde milenios atrás. Es por lo tanto muy difícil de ser extirpada.

• Poseídos como estamos por esa concepción, nuestra imaginación nos llena y obnubila la conciencia con todas las creencias y convicciones falsas para conseguirla. Nos lleva a eliminar el límite entre lo correcto y lo incorrecto, para poder justificar la acción ilegal o perjudicial contra la sociedad si esto resulta conveniente para nuestros objetivos y en nuestro afán para conseguir la fuente imaginativa del éxito y de la felicidad.

• Son incontables, por mencionar a algunos contaminados por esta concepción, los políticos o administradores del estado, precisamente los que nos gobiernan y nos dirigen, que tienen la convicción imaginativa de que apoderarse de dineros públicos para su propio beneficio es un derecho que les da su posición y que eso es conceptualmente correcto. No importa el daño que puedan ocasionar a sus dirigidos porque cierran los ojos a esa realidad. Su imaginación, respaldada por su concepción predominante del éxito, arroja una cortina de humo sobre su conciencia. Perciben que sus acciones no son buenas y por eso las hacen subrepticiamente, sin dejar rastros, reservándose coartadas para eludir la justicia pero su concepción del éxito predomina sobre cualquier otra apreciación. No tienen presente que dios todo lo ve y que a Él nadie lo engaña. Son intrínsecamente y voluntariamente personas deshonestas.

- Mujeres y hombres venden su cuerpo y su dignidad para conseguir dinero.

- Muchos asesinan a otros por dinero.

- Otros estafan o engañan a inocentes para arrebatarles el dinero.

- Otros producen o trafican drogas heroicas, adictivas, que esclavizan almas y destruyen cuerpos pues su afán de dinero y poder todo lo justifica.

- Todos esos, sin escrúpulos, lo hacen escondiéndose en las sombras pues saben que es incorrecto, lo sienten en sus corazones. Sabe que la sociedad, todavía sana, los rechaza.

- Los malvados se dicen ellos mismos que tienen su conciencia tranquila, con las falsas y egoístas concepciones de "o soy yo el que subsisto o son los demás" "El fin justifica los medios". Por sus arraigadas concepciones mentales, su imaginación les hace verse como inocentes. Por eso resultan incorregibles.

- En general, todo lo que uno imagina está ligado a las concepciones que uno se ha dejado formar en su mente de lo que es la vida y de sus valores, sean o no verdades.

- Otros casos ilustrativos:1) La concepción de la superioridad de raza entre los humanos. Los individuos que se creen de mejor raza, se imaginan dueños por derecho propio, de las demás razas. Esta concepción los llevó a oprimir, conquistar asesinar, esclavizar y hasta sentirse dueños de la vida de los individuos de otras razas. La historia cuenta estos sucesos por montones.2) La concepción, inyectada en las mentes de los demás, por parte de los más avanzados cultural, económica o tecnológicamente, de que los demás son inferiores por naturaleza y están condenados por siempre a esa inferioridad. Los individuos afectados se acomplejan y se sienten incapaces de producir algo en el campo de la ciencia, del arte, de la filosofía. Su imaginación, estimulada por su convencida concepción de ser inferiores, los sume en la ignorancia. 3) La concepción de que vida es solo patrimonio de los fuertes. Esta concepción hace que los fuertes suman en la tristeza y el desamparo a los ancianos. Que subestimen el valor potencial de los niños y abusen de ellos. Que subestimen el valor de las mujeres. Que desprecien a los pobres. Que no respeten la vida del que no puede defenderse.

Guías que nos da esta verdad

- De acuerdo a lo explicado arriba, vemos lo trascendental que es y la importancia fundamental de buscar siempre las verdades verdaderas, las verdades axiomáticas, las verdades evidentes para que nuestras concepciones tengan unas bases estructurales firmes sobre el cual edificar nuestros ideales, nuestras aspiraciones, nuestras fantasías y nuestra imaginación.

- Hay una proporcionalidad directa entre lo que van a ser nuestros ideales, nuestras aspiraciones y nuestras realizaciones con lo que tan verdaderas y bien fundamentadas sean nuestras concepciones de la vida, del mundo, del universo y de dios.

- Sigamos buscando las verdades obvias inmersas en todo lo existente. Es la forma de ir edificando una buena y estructurada vida.

Capítulo Cuarto

Verdades del género # 2

Afirmaciones que consideramos incontrovertibles por que la ciencia las ha comprobado como verdades.

Verdad número 18.

En el universo hay leyes prescritas antes de su formación para regular su evolución, su equilibrio, su orden y su permanencia.

Las pruebas:

- La preexistencia de leyes como la ley de la evolución, ley de la gravedad o atracción de masas, leyes cinéticas o del movimiento, leyes de la termodinámica (conservación de la energía, flujo del calor, el cero absoluto,....) leyes de la física clásica (la inercia, acción y reacción, los campos eléctricos, los campos magnéticos), leyes de la física cuántica, la naturaleza discreta-no continua- de lo existente, y muchas otras importantísimas como las leyes del espíritu que, todavía, poco conocemos por pertenecer al terreno de lo sobrenatural.

Guías que nos da esta verdad

* Las leyes demuestran la existencia de legisladores anteriores al universo para el cual fueron decretadas.
* No es posible el orden, la evolución, el mantenimiento del universo y todo lo allí incluido de no haber existido las leyes que lo regulan. Las leyes son perfectas luego los legisladores también lo son. Esta es la prueba madre de la existencia de otras dimensiones, la del ser o seres perfectos, de i infinita inteligencia y sabiduría pre-existentes antes que el universo, a los que vale la pena tratar de llegar y hacer los merecimientos para lograrlo mediante nuestras acciones alineadas según las leyes que desde allí se promulgaron.

Verdad número 19

La naturaleza es del tipo discontinuo, conformada por una sucesión de partes discretas y separadas entre sí.

Las pruebas:

* Teoría atómica, teoría cuántica y muchas más.
* Con el advenimiento de poderosos aparatos ópticos y electrónicos que permiten aumentar miles de veces la visibilidad de los componentes primarios de la materia o de los seres vivos, bacterianos y microbianos, o que palpamos a simple vista hemos

podido comprobar que estamos conformados por elementos primarios de tamaño nano-métricos, y aún más pequeños. Cada elemento está espacialmente separado pero sostenidos uno del otro encadenados y conformando un cuerpo mayor gracias a fuerzas y energías que actúan según leyes que les dan un orden e identidad. Estas partes discretas pueden ser partículas subatómicas dentro de un átomo, átomos dentro de moléculas, moléculas dentro de substancias, substancias dentro de un cuerpo, cuerpos dentro de un sistema, todos siempre obedeciendo a leyes en sus respectivos y propios ámbitos.

- La energía se compone de fotones o "cuántos" de energía. Tampoco la energía es continua, es también discreta. La física cuántica ha comprobado que las leyes, también, tienen solo aplicación en un ámbito discreto de la naturaleza. Una vez afuera de ese ámbito, otras leyes son las que aplican. Así por ejemplo, por fuera de lo natural (lo sobrenatural), otras son las leyes que deben aplicar. Hay, por consiguiente, leyes para el sistema subatómico, para sistemas ondulatorios, para sistemas magnéticos, para sistemas atómicos, para sistemas moleculares, para sistemas gaseosos, para sistemas líquidos, para sistemas sólidos, para sistemas planetarios, para sistemas galácticos, para sistemas biológicos y leyes para otras dimensiones fuera de lo natural que conocemos, como son los casos, por ejemplo, de la dimensión del pensamiento, de la dimensión de la personalidad interior individual, de la dimensión de la interrelación social y biológica, de la dimensión del alma y de los espíritus.

Guías que nos da esta verdad

- Los humanos hacemos parte de "La naturaleza discontinua". Somos conjuntos diferentes, compuestos de complejas y diversas partes discretas dentro de ese gran todo de la creación. Estamos sometidos a las leyes respectivas que rigen en todos los sistemas que nos configuran. El éxito y perduración de nuestras vidas dependen de la forma como se cumplan esas leyes. Todo se correlaciona íntimamente en el ser único y compuesto que somos.

- En aquellas acciones que dependan de nuestra voluntad debemos ser muy cuidadosos en ser respetuosos para no alterar o afectar el equilibrio natural de las otras partes que nos conforman y de aquellas que nos rodean que ya fueron programadas para sus funciones y comportamiento.

Verdad número 20

Todo evoluciona. La creación no ha terminado. Continúa, crece, se transforma y evoluciona. Su inicio quedó atrás, allá adonde no hay regreso posible. Estamos en la punta de la evolución que aún seguirá avanzando.

Las pruebas:

- Demostración de la teoría de la evolución de las especies presentada por Charles Darwin.
- Somos testigos de la evolución en la observación de las transformaciones irreversibles que se producen en el universo, en su materia, en sus organismos,

en sus especies vivas, en los seres humanos, en el medio físico, en el medio químico, en el medio energético, en los avances tecnológicos, en los avances y acumulación de conocimientos, en los nuevos descubrimientos, en el crecimiento de las poblaciones, en la multiplicación de las interrelaciones sociales, en el aumento de la complejidad de los sistemas, y en otra infinidad de realidades. En cada instante el universo es diferente a lo que era en el instante anterior. Se expande luego es más amplio. Se desgasta luego es más viejo. Evoluciona luego ya no es el mismo. Se mueve luego está en otro lugar. Nunca es el mismo que al principio. Ese momento inicial quedó atrás y ya no hay regreso posible a ese lugar y tiempo. Todos los que estamos en el presente somos parte de la evolución de punta.

Guías que nos da esta verdad

- Seguir el camino recto y verdadero que nos ha señalado, en el discurrir del tiempo, aquello que resulta positivo, armonioso, justo y constructivo. Sabemos, sin mentirnos, cuál es ese camino correcto porque la vida, la historia y el universo nos lo manifiestan a gritos.

- En nuestro tiempo de punta nos asombra como siendo el ser humano tan limitado, ha sido capaz de colocar satélites orbitales que nos observan y vigilan día y noche sin parar y sobre todo estando nosotros en cualquier punto del globo terráqueo. Se nos toman fotografías y videos de nuestras ciudades, poblaciones, carreteras, de nuestras casas y de personas, plantas y animales específicos, de vías, etc. Se graban invisiblemente, con cámaras escondidas, nuestros actos para obtener pruebas de actos ilícitos. Nos estamos demostrando nosotros mismos que sin ser dioses, ya casi nadie nos engaña, ya casi todo lo vemos, ya casi todo lo grabamos, ya casi todo lo conocemos, ya casi nada queda oculto. Hemos demostrado que si nosotros con nuestro limitado poder hacemos todo eso, con más razón nos invade la certeza de que dios, el todopoderoso, el que nos regaló esta vida, todo lo puede hacer. Dios no engaña a nada ni a nadie, ni nadie engaña a dios. Dios todo lo ve. Dios todo lo graba. Dios todo lo conoce. **Esta se convierte entonces en otra verdad obvia.**

• Nos engañamos, pues, nosotros mismos, creándonos concepciones acomodaticias para justificar nuestras acciones en contravía. No coloquemos obstáculos a la evolución y al progreso por intereses mezquinos. No nos desviemos ni nos entretengamos con falsas ilusiones estimuladas por la soberbia, por la avaricia, la codicia y por el deseo de "poder" sobre los otros congéneres o por la riqueza fácil y no trabajada. Respetemos la vida propia y la de los demás y de todo lo que esté a nuestro alcance.

Verdad número 21

La tecnología siempre evoluciona. No retrocede.

Las pruebas:

• Lo ha comprobado la humanidad a lo largo de toda nuestra historia.

- Lo evolucionado en el mundo material, ya no retrocede espontáneamente pero sí puede destruirse. Ninguno de nosotros puede negar que pasamos, por ejemplo, de domar caballos como medio más rápido y potente de locomoción, a los trenes de vapor y después a los vehículos con motor de combustión, y después a los trenes de motor eléctricos y magnéticos, y a los aviones de propulsión a chorro, etc., etc. Lo cierto es que la simple tecnología de la locomoción, que aquí tomamos como ejemplo, siempre está avanzando y se perfecciona. Pasa lo mismo en los otros incontables campos de la tecnología. Haga cada uno su análisis de lo que viene sucediendo en la medicina, en las comunicaciones, en la informática, en la química, en la óptica, y tantas más. La verdad resultante es que, ninguna tecnología en ninguno de esos campos ha retrocedido.

Guías que nos da esta verdad

- Esta verdad nos invita a no amañarnos mucho con tecnologías viejas. Es necesario tener una apertura de confianza hacia las nuevas tecnologías y siempre cuidarse de no apegarse mucho a las presentes porque muy pronto quedarán obsoletas. Recordar que los humanos envejecemos pero que las tecnologías siempre se renuevan. La evolución y progreso de las tecnologías, escalonadamente, hacia una meta extraordinaria misteriosa y desconocida, llevan escondido el mensaje de todo lo que nos ofrece, en bandeja de plata, la totalidad de lo ya creado y lo que todavía permanece escondido. Y cuando hablamos de todo lo que ofrece la creación, incluimos también lo sobrenatural, como el alma y el espíritu. Allí también están escondidos muchos poderes y muchos misterios. Estimulemos a las nuevas generaciones para que sigan avanzando en las tecnologías y que no olviden cultivar, cuidar, proteger el espíritu pues es ahí donde reside el poder para alcanzar la perfección.

Capítulo Quinto

Verdades del género 3

Afirmaciones que matemáticamente o por lógica filosófica se consideran axiomas

Verdad número 22

El universo tiene su causa que le dio su diseño, su inicio, su construcción y consecuentemente también su propósito para estar existiendo.

Las pruebas:

- Una verdad filosófica: no hay efecto sin causa. Una verdad lógica: todo lo que se hace tiene su propósito. El propósito próximo del universo se nos hace visible en la medida en que se nos permite entender gradualmente el propósito de las casi infinitas partes que lo componen. Por ejemplo: El sol está allí para sostener el equilibrio de nuestro sistema planetario y para darnos luz y calor. El propósito del planeta tierra, por sus condiciones tan especiales, ha sido permitir la creación y el florecimiento de la vida en este rincón del universo. El propósito de la vida humana, al alcance de nuestra razón, es ser el testimonio, por parte de entes conscientes e inteligentes, de la existencia del espíritu y de la existencia de una dimensión más allá de lo físico o material. A su vez, este razonamiento nos lleva al reconocimiento de la existencia, filosóficamente necesaria, de un ser omnipotente, que no cabe en nuestras mentes responsable de esta creación universal y espiritual que tampoco cabe en nuestras mentes. Propósitos más complejos y remotos para el universo no parecen estar todavía al alcance de nuestra filosofía, lógica, y matemática.

Guías que nos da esta verdad

- El no poder remontarnos ni regresar al inicio de lo existente, no nos habilita para negarlo. Todo ente existente debe tener su principio o nacimiento. Es la lógica que nos enseña la naturaleza. Por el otro extremo, no saber ni entender su propósito final, no cambiará lo que es ya una realidad. Hay una causa sobrenatural y un propósito final desconocido para el universo. El propósito de la creación del universo, en verdad no lo sabemos. Ese propósito es inentendible para nuestra limitada capacidad cerebral o intelectual. Solo en lo teológico podemos imaginar un propósito y entonces se convierte en un asunto de fe religiosa y no de una verdad obvia.

- Hay que seguir, seguir y seguir esta corriente de la vida. No hay otra alternativa. Es un mandato. No lo pedimos porque no existíamos. Tendremos que cumplir a cabalidad nuestros designios y con la certeza de que se justificarán el esfuerzo, la compostura, la comprensión y las privaciones que sean necesarias.

- También se justificará aprender la moderación en el gozo de los deleites que nos sean permitidos y el estoicismo en las mortificaciones que nos toquen sufrir. No desperdiciemos la preciosa oportunidad que se nos está dando de vivir. Aprovechemos cada infinitésimo de nuestras vidas para vivirla en plena armonía y paz espiritual.

Verdad número 23

El universo y la vida son un mandato. No son una elección.

Las pruebas:

- Los seres humanos, los del libre albedrío para el manejo de sus vidas, *nunca eligieron* ser traídos a la vida ni al lugar ni las circunstancias para entrar en ella. La tierra, la luna, el sol, las estrellas, los planetas y en general la materia, no tienen 1 libre albedrío para manejar su existencia, por consiguiente, menos pudieron elegir ser creados y, por lógica, su existencia es un mandato. Siendo el universo y la vida un mandato, *alguien debe ser el responsable de ese mandato.*

Guías que nos da esta verdad

- El hecho de que la vida *sea un mandato* nos da la gran certeza, a los seres creados con libre elección de acción, de la oportunidad de la enmienda por las equivocaciones, de la pena justa, de la reparación y del perdón por parte de quien nos dio la orden de vivir. Después de todo si no pedimos la vida no hay razón que nos permita pensar que fuimos hechos unos con derecho a la eternidad y otros no, unos innatamente malos y otros no, o que unos tengan oportunidad de enmienda y otros no.

- Si venimos de esencia espiritual y eterna, y fuimos dotados de alma y espíritu tiene sentido pensar que regresaremos todos a esa esencia espiritual y eterna. Los justos, los que cumplan el mandato de la vida con todos sus condicionamientos se adelantarán, con toda seguridad, a la integración con la esencia fuente de la vida. Los otros, los que se descarriaron, se demorarán un tantico más para llegar al destino ordenado, pero tarde o temprano, se convencerán de que se fueron por el camino errado, que son responsables de sus descalabros, que se quedaron rezagados, que alargaron su ruta de falsos placeres y merecidas mortificaciones y entonces realinearán su dirección a la única cierta que los regresará a la esencia perfecta.

- No se ve sentido en pensar o imaginar que, simultáneamente, nuestra identidad provenga de una esencia eterna, que esté provista de tantos atributos y que el destino de esta identidad sea ser desechada después de un determinado tiempo, como el equivalente a basura o desperdicio. La reintegración a la fuente de la vida parece la lógica del justo premio a un buen vivir.

- La jerarquización y la participación en la eternidad de los fallecidos no lo conocemos pero se dará según los méritos del buen uso del libre albedrío.
- No entendemos la justificación del mandato de la vida. Sigamos siendo prácticos y realistas. Sigamos viviendo, cumpliendo el mandato de vivir, y vivamos bien, acatando los mandatos más positivos de la vivencia, y de la convivencia. Es por nuestra propia conveniencia. Hacerlo no sólo es proactivo con la armonía, la evolución y el crecimiento sino que estamos acumulando méritos para aproximarnos a la esencia, a la fuente del todo.

Verdad número 24

El hito de evolución que alcanzamos en el momento de nuestra muerte, determina la jerarquía con que entraremos a las dimensiones sobrenaturales.

Las pruebas:

- La ley de la evolución tal como la conocemos podría no existir en otras dimensiones pues solo sabemos con certeza de que existe en el mundo natural material o físico.
- Si existe evolución en otra dimensión con seguridad no será física como la conocemos y estará sometida a las leyes del ámbito sobrenatural que por lógica deben ser diferentes porque en ese ámbito, por ejemplo, no existe la muerte. Evolución en una dimensión sobrenatural sólo

puede trabajar en el ámbito espiritual pues allá, en el mundo sobrenatural, no debe haber nada material. Al morir, nuestra muerte, significa la terminación de la evolución física y el principio de la evolución en el nivel puramente espiritual y por ende determina la jerarquía con que entramos a las dimensiones sobrenaturales.

Guías que nos da esta verdad

- Sea como sea que se desarrolle la diferente ley de la evolución en los niveles o dimensiones espirituales, es inteligente suponer que en la medida que entremos a ellos con mejor jerarquía, será más corto el camino que nos lleve a la presencia de la fuente de la vida. Eso puede suceder en cien, o mil, o cientos de miles, o millones de años. O tal vez en sólo pocos años. No sabemos la medida del tiempo en esas dimensiones celestiales. Lo más prudente es que sigamos los consejos de un buen vivir para que cuando nos sorprenda la muerte estemos con una alta calificación.

- Recordemos que, la regla de oro es que viviendo como la ley manda, nos garantiza la protección permanente de todo azar y de toda desgracia. La protección natural de quien no se desvía, le alarga la vida para darle más tiempo para crecer más y poder entrar a la siguiente dimensión con una buena calificación. Esa protección o blindaje natural contra los aparentes azares indica y despeja el camino y ayuda con su poder a acometer grandes empresas.

- Es siempre el mejor de los negocios estar en la dirección correcta. Es fácil lograrlo: ¡Comportándose bien!

Verdad número 25

Todo lo existente marcha según un plan.

Las pruebas:

- Las leyes regulan lo existente y lo hacen evolucionar y fluir en una dirección y metas predeterminadas para el todo y cada una de sus partes. Por ejemplo: La repetición, regulación y evolución perfeccionista del proceso de formación, desarrollo, crecimiento y finalización de las diferentes identidades materiales o biológicas, a saber, los elementos atómicos–enumerados y ordenados en la tabla periódica–, las moléculas, las substancias, los planetas, las estrellas, las galaxias, las especies vivas o biológicas, etc. todas llevan su plan y sus metas.
- Apenas recientemente hemos descubierto que en el ADN de los seres vivos está incorporado el plan del todo y cada una de las partes que los componen. Está planificada su vida, desde la gestación, su desarrollo, su meta, su especie, incluyendo su envejecimiento, su duración y su natural muerte.

Una comprobación matemática:los algoritmos matemáticos más completos y cercanos a las realidades de casos de fenómenos complejos casi impredecibles, logrados hasta el presente, han podido ser graficados por poderosas computadoras y complejos programas obteniéndose los que se han bautizado como *los fractales.* Los fractales son figuras planas o espaciales, compuestas de elementos infinitos, que tienen la propiedad de que *su aspecto y distribución estadística no cambia,* cualquiera que sea la escala con que se observe. Ponen de manifiesto *la regularidad oculta* (o el plan) de modelos de fenómenos naturales que aparentemente son desordenados o incomprensibles o de azar. En todo, hasta en lo más complejo, se destaca siempre la existencia de una regularidad oculta es decir de un plan ordenador que, por lógica, debe haber sido diseñado con algún propósito.

Guías que nos da esta verdad

- Tratar de no seguir el plan diseñado para lo creado no tiene sentido alguno. Quien trate de hacerlo será, con el propósito de la obtención de un objetivo propio y egoísta por consiguiente equivocado. Lo diseñado por las jerarquías celestiales es perfecto.

Verdad número 26

La evolución y el proceso perfeccionista de la creación están estrechamente interrelacionados.

Las pruebas:

- La ley de la evolución es ya un hecho comprobado, al menos, a nivel biológico.
- El ser humano es la prueba reina del proceso perfeccionista y multiplicativo de la evolución de la vida. Por cantidad ya somos casi 7000 millones de seres humanos en este planeta. Crecemos

exponencialmente, a pesar de tantas calamidades, guerras, cataclismos, enfermedades, etc... Siempre somos más y más.

- En cuanto a calidad, cada vez aumenta el número de hombres sabios y con sabiduría más acumulada y más compleja.
- Nuestra tecnología avanza sin parar. Cada día nos sorprenden nuevos descubrimientos científicos jamás imaginados.
- Los filósofos y teólogos se acercan cada vez más a las verdades de nuestra existencia. Cada persona nace con 60 mutaciones celulares adicionales, con respecto a sus progenitores, que pasan a estar integradas en nuestro genoma.
- En la especie humana, la del espíritu consciente, es evidente el crecimiento en conocimientos, en tecnologías, en el manejo de las comunidades, y en la aceptación de un orden vital.
- No ha habido retroceso a nuestro estado primitivo.

Guías que nos da esta verdad

- Lo evolucionado no retrocede. no tratemos, pues, de caminar hacia atrás. el tiempo no retrocede. Miremos el pasado como una enseñanza o trampolín para seguir avanzando pero no como unas cadenas que nos impiden seguir adelante.
- Ahora entendemos mejor los procesos complejos de la naturaleza, ahora tenemos más sabiduría acumulada y mejores herramientas tecnológicas pero debemos seguir en el proceso interminable

del crecimiento y de la sabiduría infinita. Cada vez podemos mirar más hacia los confines del universo y los objetivos más edificantes de la vida. La evolución perfecciona.

Verdad número 27

La experiencia y la lógica demuestran la existencia y el cumplimiento de ecuaciones del comportamiento humano, así: a) Buenas acciones individuales=crecimiento individual=crecimiento colectivo=abundancia productiva=evolución perfeccionista. B) Malas acciones individuales=corrupción interior=estancamiento colectivo=baja product ividad=calamidades=tragedias= autodestrucción

Las pruebas:

- Las buenas acciones inician una serie acumulativa de sucesos positivos : auxilio oportuno, agradecimiento, satisfacción personal, logro de bienes, buen ejemplo, reciprocidad, recuperación de recursos, amistad, cooperación, logro de objetivos, voluntad de ser mejores, fe en los demás, protección mutua, armonía, paz interior y exterior, progreso continuado.
- Las malas acciones logran todo lo contrario a lo anterior: Tuercen el alma en forma gradual y acumulativa hacia la maldad y la corrupción cada vez peores, conducen a la destrucción de los demás y hacia lo propia destrucción.

Guías que nos da esta verdad

Por nosotros, por nuestra descendencia, por nuestra especie, por nuestro planeta, por la vida apliquemos siempre la ecuación de las buenas acciones.

Verdad número 28

Solo la existencia de un ámbito sobrenatural puede respaldar la existencia de lo natural. Lo sobrenatural no está condicionado a lo natural. Lo sobrenatural existe y existirá aunque lo natural no existiera.

Las pruebas:

- Los seres humanos tenemos plena conciencia de la existencia del pensamiento, de las emociones, de las reflexiones, de los recuerdos, de la imaginación en una dimensión más allá del mundo físico natural, es decir, en un mundo sobrenatural distinto a nuestro espacio-tiempo.

- Están confirmados sucesos paranormales plenamente identificados. Muchos humanos han sido testigos de manifestaciones inexplicables de personas que ya han fallecido. Entes separados de sus cuerpos que ya murieron encuentran la forma de comunicarse con personas vivas de gran percepción o inclusive con animales comprobándose así que lo sobrenatural puede existir sin lo natural.

- Esta verdad conlleva a la aceptación de dimensiones no físicas de las que solo podemos imaginar, o suponer, o razonar que tienen jerarquías

Guías que nos da esta verdad

- La convicción de la existencia de lo sobrenatural en unión substancial con nuestro cuerpo nos confirma que el creador nos comunicó algo de su especial esencia. Tenemos el derecho de soñar con volvernos a integrar a su esencia infinita.
- Pero nada es gratuito. Según los teólogos la condición, "sine qua non", para esa reintegración con la gloria del ser eterno es seguir sus mandatos que están promulgados para nuestro propio bien, convivencia y mesura en nuestro actuar.

Verdad número 29

Lo natural no puede existir sin leyes. Todo lo físico, químico, energético, biológico, está regido por leyes existentes y anteriores al universo y a todo lo natural lo que significa que están en otro nivel, anterior a lo natural.

Las pruebas:

- El orden de lo creado ha sido posible por la existencia de las leyes que lo regulan. Sin leyes todo sería un caos y no hubiera sido posible la evolución.
- Toda ley natural supone la existencia de legisladores anteriores al mundo o ámbito que reglamentan. Para el caso del universo, que constituye el mundo de lo natural, los legisladores deben estar en un mundo más allá de lo natural, es decir en un mundo sobre natural.

Guías que nos da esta verdad

- No podemos vivir sin leyes. Las leyes están para darnos guía y orden. Están para protegernos de los azares que resultan de un mundo complejo. A mejores leyes y más cumplimiento de las mismas habrá menos azares o sorpresas o resultados desagradables. Ellas están allí para que se logre el plan y el objetivo de lo que está iniciado y desarrollándose.

- La complejidad es una consecuencia natural en donde existe el libre criterio, el libre pensamiento, el libre actuar, la libre elección, el movimiento perpetuo, la evolución, el crecimiento y el cambio en cada instante.
- Por algo la enseñanza popular nos advierte: si tienes elegido un destino, no dejes el camino diseñado, construido, y regulado para aventurarte por atajos desconocidos y de azares.
- Aprendamos a apreciar las leyes como un aliado de nuestras vidas y de la convivencia en armonía con los demás.

Verdad número 30

Solo las criaturas que puedan reintegrarse al poder perfecto que los creó lograrán la perfección. Eso solo será posible si pueden seguir evolucionando en la dirección correcta.

Las pruebas:

- Aunque esta verdad tiene una lógica filosófica que la valida, también entra al terreno de verdades que se aceptan por fe o por credibilidad.

- Hay un caso que nos relatan nuestros ya desaparecidos evangelistas: Un solo ser humano, Jesús Cristo, a través de la historia conocida del hombre, afirmó y probó que además de ser humano era el hijo directo de dios. Era un hombre extraordinario. Sencillo, honesto incontrovertible, bondadoso, sabio, humilde, sin ambiciones de riquezas o de poderes terrenales, un gran maestro del recto comportamiento y realizó numerosos actos milagrosos tan sorprendentes como su propia resurrección después de su muerte conocida. Era un clásico ejemplo de hombre evolucionado en la dirección correcta. Sus apóstoles coexistentes con Él, también gente muy honesta y sencilla, han dado testimonio escrito de las realizaciones de Jesús, de sus milagros, de su vida diáfana, de sus bellas enseñanzas, y de su mortal sacrificio por sus enseñanzas. El celo de los poderosos de aquellas épocas, que vieron amenazada su hegemonía por las enseñanzas rebosadas de ética de Jesús, los llevaron a asesinarlo. Once de los doce apóstoles, que le conocieron en persona. prefirieron ser martirizados hasta morir antes que negar la divinidad y los milagros de su maestro. Preferir la muerte martirizada es la prueba reina de la veracidad de sus testimonios.

La religión cristiana afirma que Jesús, todavía tiene cuerpo vivo porque resucitó para acompañarnos en alguna parte del universo material mientras nuestro mundo exista y para seguir siendo como el mismo lo afirmó, "Yo soy el camino y la verdad y la vida. Nadie va al padre sino por mi medio. Si me habéis conocido conocéis también a mi padre. Y desde ahora lo conocéis". Jesús Cristo fue y es esencia entregada por el creador cuando le dio la vida en este mundo, como lo somos todos, pero lo que él hizo, es prueba de que él es su hijo directo, y que está ya unido a la esencia del ser perfecto. Como su vida terrenal fue un acontecimiento fugaz en un tiempo en que no fue posible tener pruebas materiales o científicas de que eso efectivamente sucedió, quedó como un asunto esencialmente de fe, pero, insistimos, también válido como verdad desde el punto de vista filosófico pues, no cabe duda de que, solo lo que se integra en esencia a lo perfecto, puede ser perfecto. Y si Jesús es el hijo directo de dios entonces es perfecto.

Guías que nos da esta verdad

- Tengamos fe de que al menos nuestra parte espiritual, que actúa en una dimensión sobrenatural, no física, está llamada a reintegrarse en su debido momento al ser sobrenatural que nos creó.
- Recordemos que una esencia real y verdadera como la nuestra no puede provenir de la nada. Eso es cierto y llegaremos a ser perfectos al fundirnos con nuestro padre o la esencia última de donde provenimos. Para lograrlo hay que cumplir los requisitos impuestos y recorrer todo el camino necesario.

- Estamos obligados, a mejorar lo que podamos en este mundo material siempre con el propósito firme de alcanzar el grado más alto para entrar bien preparados a las dimensiones a las que estamos predestinados.
- Mantengámonos en la recta dirección para mejorar nuestro nivel para no dilatar en el tiempo nuestra llegada hasta el ser creador.
- Es sólo en las dimensiones sobrenaturales donde se darán las condiciones para avanzar sólo espiritualmente, gradualmente a la reintegración con la esencia perfecta de dios y entonces ya no tendremos que evolucionar más pues ya no habrá para donde más. El camino parece interminable pero hay suficiente que hacer y beneplácito o gozo de sobra expectante en ese camino, de aquí a la eternidad.

Verdad número 31

El libre albedrío debe responder a la toma de conciencia de nuestra responsabilidad en el manejo de la vida material y espiritual.

Las pruebas:

- Lo hemos comprobado en el día a día. La continuidad, la armonía, el desarrollo de un plan sin retrasos, y el avance hacia el logro de lo complejo y bueno, es posible en gran medida según la responsabilidad que asumamos en las siguientes acciones:

a) Al analizar y comprender el alcance o consecuencias de nuestras acciones,

b) Al elegir lo positivo como objetivo de nuestro trabajo y descartar lo destructivo o dañoso, el desorden, el caos, el odio, el rencor, el daño, la venganza, el retraso, la degradación, el retroceso y finalmente la destrucción. Estos últimos son el resultado, en mucho, de la ignorancia cómplice voluntaria o involuntaria, de la responsabilidad que no asumimos hacia la naturaleza o hacia los demás.

- Las reglas intrínsecas de la vida son perfectas. Incorporan la consecuencia de su incumplimiento para lo cual no requieren un juicio, ni un tribunal, ni testigos, ni un veredicto, ni un verdugo.

- La responsabilidad del manejo de nuestra vida es nuestra y tenemos que asumir las consecuencias de un buen o mal manejo de ella. Las consecuencias de un mal o irresponsable manejo nos la ha mostrado ya la historia. Somos nosotros nuestros propios verdugos.

Guías que nos da esta verdad

- Es un imperativo, educarnos, prepararnos, y entender que la conciencia de la responsabilidad que tenemos con nuestro mundo exterior y con nuestro mundo interior es una ley que debemos cumplir si queremos crecer y progresar. Sólo con responsabilidad para responder con justicia por las consecuencias de nuestras conductas podemos atemperar las mismas.

Verdad número 32

Todo lo que esté cobijado por las leyes de la naturaleza, puede ser teóricamente estudiado a través del pensamiento, la filosofía y las matemáticas.

Las pruebas:

- Hemos logrado configurar algoritmos matemáticos que nos han permitido analizar, calcular y prever muchos fenómenos físicos, químicos, termodinámicos, energéticos y de toda índole natural. De esa forma hemos podido transformar a gradualmente útiles, en el correr de los siglos, mucho de lo que existe para nuestro desarrollo y prosperidad. Lastimosamente también hemos mal utilizado otras tantas cosas que hemos estudiado y desarrollado. El estudio, la investigación y el desarrollo no termina. Hay trabajo para todos y con certeza lo habrá para mucho tiempo y para todas las generaciones que nos seguirán.

- Cuando el conocimiento científico de los hombres no había alcanzado el desarrollo actual, fueron los pensadores y los filósofos los que avanzaron en sus teorías de las posibilidades que se abrían en el estudio de lo material.

- Adentrándonos más filosófica y matemáticamente en las leyes que percibimos o descubrimos, será factible descubrir muchísimos secretos que nos permitirán mejorar nuestros instrumentos y nuestras tecnologías a alcances casi mágicos.

Guías que nos da esta verdad

- El pensamiento, la filosofía y las matemáticas deben seguir cultivándose y mejorando, más ahora con el desarrollo de las computadoras y el internet. Cada vez, están más, en las manos de todos, tan preciosas herramientas. Toda la información y archivos del mundo están a la fácil disposición de todos. No malgastemos nuestras vidas si existe tan bella oportunidad. Aprovechémosla, sin complejos. Hagan sentir su voz y sus pensamientos positivos al resto de los mortales.

Verdad número 33

Todo proceso toma su tiempo.

Las pruebas:

- Desde que somos concebidos dentro del útero de nuestras madres iniciamos un proceso de desarrollo y crecimiento que no sucede instantáneamente si no que toma su tiempo. No salimos naturalmente del vientre materno sino después de transcurrido los 9 meses que estamos programados para nuestro desarrollo embrionario. Secuencialmente y con tiempos muy bien definidos vamos avanzando por la niñez, pubertad, adolescencia, juventud, edad adulta, la vejez y finalmente la muerte. Así sucede para nosotros y en general para todas las especies vivas, cada una con sus tiempos de procesos respectivos.

- Todo lo que hay en el universo ha tomado su tiempo para estar donde está ahora. Un viaje, toma su tiempo, porque un viaje es un proceso. Una reacción química, toma su tiempo, porque es un proceso. La construcción de algo, toma su tiempo, porque es un proceso. Expresar una idea, toma su tiempo, porque es un proceso. Cocinar adecuadamente los alimentos, toma su tiempo. Digerir el alimento, toma su tiempo. Adquirir un bien, toma su tiempo. Educarnos, toma su tiempo.

Guías que nos da esta verdad

- Cuando no se respeta esta verdad se cometen errores y abusos por tratar de lograr objetivos sin tomarse el tiempo apropiado.
- Acostumbrémonos a pedir tiempo para cualquier proceso que se nos pide que realicemos.
- Convenzámonos que lograr nuestros propósitos siempre implicará tiempo. No nos apresuremos para no deteriorar el fluir natural del proceso. Dependiendo la complejidad de un proceso así será la duración del tiempo que se requiere para lograr su terminación satisfactoria. No nos afanemos en nuestras acciones pues todas ellas necesitan tiempo para pensarlo y analizarlo bien, para reflexionar sobre sus consecuencias y nuestra responsabilidad en las mismas, para seleccionar los mejores procedimientos, seleccionar lo más adecuado, lo menos dañino, lo más eficiente, lo menos costoso, oportunidad de corrección, logro de buenos objetivos, respeto a otros, etc. –

Álvaro Tomás Arzuza Cuesta

Verdad número 34

Sin plan ni orden no se progresa.

Las pruebas:

- La supervivencia de lo creado es una demostración de la existencia de planes y orden para la formación de cada una de sus identidades.
- Cualquier especie animal, obedece a un plan. Su repetición con características muy específicas lo demuestra.
- Un plan es también un orden en la ejecución para que todo quede en el lugar que le corresponde y en el momento adecuado. Nuestra experiencia nos demuestra que una obra sin plan y orden es imposible realizarla aceptablemente.

Guías que nos da esta verdad

- Desde la más pequeña a la más grande de nuestras obras proyectadas, debe ser precedida con un plan más o menos complejo según sea lo acertada que queremos sea la obra que nos proponemos. Una obra simple como son nuestras acciones cotidianas obedecen a un plan rutinario que por costumbre hemos grabado en nuestro cerebro. Si se trata de obras cada vez más complejas y que impliquen la intervención de otras personas o equipos, conviene asesorarnos de las personas más preparadas en cada una de las especialidades que la obra requiera. El plan da la guía del orden de ejecución. En el desarrollo de la obra, el orden, la disciplina el trabajo serio y concienzudo junto con los recursos apropiados son las prendas de garantía para lograr el éxito.

Verdad número 35

En los hitos del camino de la vida la dirección de la perfección está marcada hacia el infinito. La distancia recorrida depende nosotros.

Las pruebas:

- La flecha que indica desde nuestro profundo ser hacia donde estamos llamados éticamente o espiritualmente a movernos es el mensaje que imprimió el creador en nuestras almas. Algunos le llaman la voz de la conciencia pero por nuestro libre albedrío podemos cambiarla y tendremos que asumir la responsabilidad de nuestros actos.
- Quien ignora la dirección marcada se dice que no tiene conciencia y está retrasando su evolución personal y entorpeciendo la recta marcha de la vida.
- La misma marca se repite casi que continuamente a lo largo de toda la amplia y principal ruta, recordándonos la dirección correcta.
- Es la misma marca para todos los seres pues no habría justicia e imparcialidad de nuestro creador si así no lo fuera.
- Esa marca está en los programas del ADN para el desarrollo físico y no depende del libre albedrío.
- Nadie puede estar programado para torcer los planes de la creación, porque esto sería una

contradicción. Plan de construcción y destrucción simultánea es un imposible filosófico.

- En un mundo espacial las direcciones elegibles son infinitas. Más lo será en el mundo espiritual. En la matemática de vectores se puede entender con más claridad esta afirmación. Se enredan, o se modifican y se confunden las direcciones en nuestras mentes cuando enseñanzas o influencias exteriores logran enmarañar, con caminos distintos, la ruta principal espiritual.
- Con solo modificar un ápice, en la dimensión espiritual, el hito que indica el camino correcto, nos confundirán.
- Si las partes de un mundo material pueden ser impulsadas, cada una, en direcciones espaciales diferentes, también puede suceder, y posiblemente mucho más, en un mundo espiritual.
- Después de desviados del único camino correcto, será difícil, aunque no imposible, volver al camino correcto, pero, obviamente con retrasos en comparación con el que avanzó por el debido camino.

Guías que nos da esta verdad

- En el fondo es más sencillo elegir el camino correcto que nos señala la creación en nuestra conciencia que cualquier otro atajo que nos llegaran a indicar.
- Siempre que nos desviamos de la rectitud terminamos en enredos impensables y en arrepentimientos tardíos.

- Si nuestras concepciones de la vida se basan en las verdades obvias del universo tendremos más probabilidades de alcanzar lo mejor que la creación nos ofrece.
- Para disminuir las probabilidades de errores debemos evitar la tergiversación del enfoque de nuestras realidades por equivocadas concepciones: "nuestra imaginación siempre esta atada a nuestras concepciones".

Verdad número 36

Todo lo oculto se va descubriendo a su debido tiempo.

Las pruebas:

- Descubrimos que la tierra es esférica.
- Descubrimos que la tierra gira alrededor del sol.
- Descubrimos el mundo microbiano.
- Descubrimos las ondas hertzianas que nos permitieron las comunicaciones inalámbricas.
- Hemos descubierto muchísimas cosas que estuvieron escondidas para nuestros antepasados y durante largo tiempo y que nos han permitido seguir hacia adelante en una curva de progreso exponencial.
- Ningún descubrimiento ha sido fácil. Los descubrimientos son también procesos y como tales toman su tiempo y se desvelan en un momento histórico que parece misteriosamente permitido, merecido y oportuno.
- Es consistente con la verdad "todo proceso toma su tiempo "!

Guías que nos da esta verdad

- Lo que ya está descubierto no requiere volver a buscarse sino conocerlo, entenderlo, aprenderlo, afinarlo, tomarlo, acumularlo y utilizarlo para el perfeccionamiento de la vivencia. No malgastemos el tiempo buscando lo que ignoramos que ya está descubierto.
- La humanidad está comprendiendo que lo oculto solo sirve a unos pocos que lo conocen. Hay que despojarse del egoísmo y divulgar lo encontrado para que todos tengan la oportunidad de cooperar en su desarrollo.
- Hay que seguir estudiando e investigando para descubrir cada vez más lo que todavía está oculto y para mejorar y seguir progresando.

Verdad número 37

La verdad absoluta es la suma de los términos de una serie infinita de verdades parciales.

Las pruebas:

- Conocer una verdad, por lo general, lleva al conocimiento de otra verdad cercana y así sucesivamente. Esta sucesión de términos o verdades es tan prolongada y tan numerosa que prácticamente es un imposible, para la especie humana, pensar en completar el conocimiento de la verdad absoluta.

- Pasa así, en el tiempo, con los descubrimientos de la ciencia y en la medida que la tecnología nos ofrece mejores y más precisos instrumentos.
- La humanidad también nos regala, a veces, con mentes iluminadas, de hombres estudiosos que descubren con su intelecto nuevas verdades en el terreno científico y también en una secuencia interminable.
- Dios, para los que creemos en él, nos ha regalado hombres santos que han atemperado nuestro comportamiento contándonos verdades profundas, al compás conveniente en el tiempo.
- Estamos conociendo uno a uno, acumulativamente, los términos de la serie infinita de verdades parciales que constituyen la verdad absoluta.

Guías que nos da esta verdad

- Lo práctico es no desmayar en la búsqueda de nuevas verdades pues estas nunca se terminarán.
- Seguir acumulándolas en nuestras limitadas memorias humanas y en las cada vez creciente memorias artificiales de computadores de capacidad de punta para tenerlas a disposición para quien desee consultarlas y alimentarse de ellas.
- Seremos más completos a más verdades podamos sumar y aplicar para asegurar el camino correcto de nuestras vidas.

Verdad número 38

La paz, la armonía con el mundo y con el infinito, la satisfacción interior y vivir sin temor a que se conozcan nuestras acciones escondidas, son los primeros indicios de que estamos obrando en el camino correcto.

Las pruebas:

- Hemos sido, equivocadamente, educados con la concepción de la necesidad de la guerra y de la agresividad. La guerra es el infierno de las sociedades. La guerra es la muerte, la destrucción, el desorden, el caos, el saqueo, el robo, la violación, la mentira, la traición, el engaño, el crimen. Es la justificación del mal infringido al prójimo. Es la desarmonía con el infinito, con la creación, con el alma y con el creador. Es la insatisfacción perpetua. Es el temor de que algún día se conozcan las barbaridades que se cometieron. Es el temor a ser juzgados.

- Una cosa es la necesidad de la defensa valerosa contra el agresor y otra es el ataque invasivo. Es necesario entender claramente la diferencia. El ataque invasivo conlleva irrespeto hacia los demás universos paralelos. Es arrogancia del atacante. Es predominio dela fuerza y de las armas sobre la inteligencia. No tiene sentido para la existencia de nuestra especie.

- Saborear los deleites duraderos de la buena conducta como lo indica esta hermosa verdad.

Guías que nos da esta verdad

- No permitamos que nuestra corta vida se nos convierta en una sucesión de pequeñas guerras ocasionadas por nuestras concepciones equivocadas, sembradas en nuestro intelecto. La voracidad, el egoísmo, la envidia, la justificación de la riqueza fácil arrebatada o estafada a otros deben borrarse de nuestras almas tan rápido como sea posible.

- Vivir con mesura propia y respeto al prójimo son las llaves para una vida armoniosa. Aprovechemos y disfrutemos, con discreción, tantas satisfacciones, tantos placeres, tantas cosas y sensaciones y percepciones buenas que nos brinda la vida. No tomemos más de lo que podamos asimilar naturalmente, sin apetitos voraces y egoístas.

- No desperdiciemos nuestros recursos en tratar de adquirir más y más de lo mismo. Esa actitud ni engrandece ni satisface. Como los vicios, es una adicción que envilece, degrada y no muestra a un buen humano sino a un ser egoísta, sin imaginación, sin creatividad y sin la visión de tantas buenas obras por realizar para la propia evolución y la de los demás.

- Es natural nuestro impulso de ser cada vez mejores, de mejor clase y jerarquía social, pero debemos entender que ser mejor es mucho más que eso. No es creer, por ejemplo, que uno es mejor por haber adquirido riquezas inescrupulosamente. Quien lo logra así, nunca tiene paz espiritual, ni armonía con el mundo, ni con el infinito, ni honesta satisfacción interior, ni vivirá sin temor a que se conozcan sus acciones escondidas.

Verdad número 39

El mal tienta o convence con la promesa de satisfacer la avaricia, la codicia, la vanidad y la soberbia.

91

Las pruebas:

- Sin pretender demostrar o negar la existencia del mal como una entidad real y específica, la verdad obvia para todos nosotros, seres humanos y conscientes, de todas las épocas, es que hay un universo innegable de acciones dañinas que destruyen muchas cosas creadas, en lo material y en lo espiritual.

- Son acciones que se atraviesan a la marcha planificada de la evolución universal o de sus partes componentes "discretas" ("la naturaleza del tipo discontinuo).

- Esta verdad se dirige más concretamente a nuestra parte espiritual que es en el fondo la responsable de nuestro avance o retraso hacia lo perfecto.

- Las tentaciones por lo general recomiendan acciones indebidas. Solo las personas mentalmente enfermas o degradadas se creen que hacer el mal trae placer. Las malas acciones dejan generalmente una amarga sensación en el alma de las personas normales.

- Las tentaciones, logran convencer a muchos con la promesa de placeres engañosamente inofensivos y de riquezas que darán satisfacción a la vanidad, a la codicia, a la avaricia, a la soberbia, al ansia de poder y al deseo del dominio sobre los demás.

Guías que nos da esta verdad

- Librarse de la tentación del mal no es asunto fácil porque siempre está acechándonos a todos. Nadie sabe la causa de que sea así, pero es así.

- Preparémonos a resistir y desatender la llamada de torcer nuestro destino, con las falsas promesas de placeres, riquezas, y poder, pasando inmaculadamente por encima de los derechos de los demás, y sin tener que responder por perjuicios causados.

- La ilusión que nos crea el mal de placeres sin fin y grandeza sin límites, está en contra de la gran verdad de que somos seres que en este mundo estamos limitados por el espacio, el tiempo, el lugar y nuestra fragilidad e inherente mortalidad.

- Mantengamos distancia adecuada para que la maldad no pueda alcanzarnos en el corto tiempo de nuestras vidas. Es por eso que la sabiduría popular nos aconseja, por ejemplo, alejarnos de las malas amistades. La justicia de nuestro mundo encarcela a lo malvados para mantenerlos alejados de la sociedad.

- Otra protección es blindarnos para impedir su injerencia. Esto lo logramos creándonos una atmósfera de benevolencia a nuestro alrededor para que esta nos proteja, tal como lo hace la atmósfera de nuestro mundo, quemando los cuerpos celestes potencialmente dañinos antes de que penetren y pongan en peligro nuestras vidas. La vida correcta crea en cierta forma esa atmósfera de benevolencia y además da aire a nuestras vidas pues trae sus propias satisfacciones y progreso justo, adecuado y suficiente.

- Tengamos en cuenta que cuando se está en lo justo, se está dejando espacio para que los demás progresen. El progreso de todas las partes "discretas" de nuestro ser y de nuestro entorno es garantía del progreso conjunto. Es la garantía a la conformación de un mundo más feliz.

- La escatología nos han advertido de los posibles castigos que generaría el mal en nuestras almas. No resulta inteligente por ningún lado la práctica de la maldad.

Verdad número 40

Las enfermedades y el dolor existen y siempre existirán. Su existencia nos advierte sobre el mal.

Las pruebas:

- Nos enfermamos con frecuencia. No sólo los humanos enfermamos sino también los animales y las plantas.
- Hemos descubierto las causas de muchas enfermedades y hemos encontrado las vacunas y el remedio de muchas. Sin embargo todavía existen y aparecen otras que no hemos podido combatir ni curar. Es el caso del cáncer, el sida y otras. Existen epidemias muy mortales. Hay contagios difíciles de prevenir o de evitar y hay mucha complejidad y mucho azar en el campo de las enfermedades.
- El dolor nos maltrata cuando estamos enfermos o heridos, o algo de nuestro organismo nos falla. Siempre nos indica que algo anda mal en nuestro cuerpo y hasta en nuestra alma.

Guías que nos da esta verdad

- Practicar con mucho juicio las normas de sanidad. Evitar los ambientes con peligro de contagio.

Mantenerse limpio y alejado de las personas de malas costumbres y pecaminosas o malvadas.

- Lo pecaminoso atrae las enfermedades y el dolor.
- El mal advertido nos impulsa a fortalecernos y a buscarnos un remedio oportuno y adecuado. Es además conveniente buscar buenos blindajes.
- Nuestro buen comportamiento, es el mejor de todos, los blindajes pues atrae el apoyo, la protección y compañía del dios todopoderoso.

Verdad número 41

La fe es el primer paso para el logro de un objetivo.

Las pruebas:

- Siempre que trabajamos o luchamos por un objetivo lo hacemos porque tenemos el convencimiento previo de que vamos a lograrlo. Eso es fe, creer lo que todavía no es una realidad. También, fe es creer lo que no hemos visto pero que es afirmado por seres creíbles.
- Fe es creer, por ejemplo, en Jesús Cristo, aunque no le conocimos en persona, porque lo han afirmado muchos que le conocieron que *prefirieron morir en el martirio* que negar su existencia y creer en su divinidad.
- Fe es creer lo que no hemos visto pero que está respaldado por la lógica filosófica. Es el caso de creer que el universo tiene a su creador pues "no hay efecto sin causa".

Guías que nos da esta verdad

- La fe mueve muchas misteriosas fuerzas que aún ignoramos. Cuando estamos seguros de que lograremos un objetivo, todavía no realizado, estamos moviendo con nuestro pensamiento, que opera en dimensiones sobrenaturales, los hilos invisibles de las energías del universo y de esas otras dimensiones sobrenaturales de las cuales, sin duda, provenimos. En esa forma hacemos converger las energías hacia la creación de lo deseado. Esta seguridad es el primer paso para el logro del objetivo.

- La fe en las fuerzas sobrenaturales para el logro de objetivos malignos *es contradictoria con el plan de la creación* lo cual por lógica filosófica la haría inoperante. Esto lleva a deducir que los malvados solo podrán utilizar lo material, o físico, o corporal para hacer daño y hasta para convencer a humanos con espíritus débiles o con tendencia a torcerse.

Verdad número 42

El viaje del universo en el tiempo, su cambio de lugar y tamaño en cada nuevo instante y su evolución intrínseca hacen que el universo sea siempre diferente. Y no hay retroceso.

Las pruebas:

- Es cierto que todo se mueve y evoluciona. Así lo ha comprobado la ciencia.
- Desde las partículas subatómicas hasta el universo inmenso, que lo contiene todo, se mueven.

- Aún aquellos objetos que tienen órbitas aparentemente constantes y regulares como es el caso de los planetas de nuestro sistema solar o de los electrones que giran alrededor del núcleo de su propio átomo, están desplazándose hacia donde el sistema, al cual pertenecen, se está dirigiendo.

- Si todo se mueve cambiando su lugar y todo cambia en su evolución entonces nada puede ser igual entre un instante y el siguiente y consecuentemente ya nada puede regresar a su sitio anterior. Es decir, no hay retroceso.

- La creación solo tiene una dirección de marcha en el tiempo.

- El tiempo, solo avanza hacia el futuro.

Guías que nos da esta verdad

- Nuestras acciones siempre producen sus resultados. No es posible regresar al punto inicial, igual filosófica y científicamente, en el que o cuando se realizaron nuestras acciones y que produjeron un determinado resultado o consecuencia.

- No valdrán euforias, ni satisfacciones, ni remordimientos de lo ya realizado para lograr volver a ese pasado que nos permita corregir o eliminar lo hecho o simplemente reformar sus consecuencias.

- Aunque se nos hable de perdón, o borrón y cuenta nueva, o reparación, o enmienda, ya no se puede modificar lo hecho. A alguien o algo, afectó nuestra acción. Tomar conciencia de esta realidad tal vez nos haría reflexionar, un poco más, antes de actuar sin entender la gran responsabilidad que asumimos ante la vida.

Si tiene dudas entre dos elecciones simplemente escoja la que no se opone a la dirección evidente que tiene la creación. Esa dirección se manifiesta en nuestro espíritu como la que lleva ingredientes como generosidad, bondad, respeto, cooperación, misericordia, justicia, entrega, verdad, sacrificio, enseñanza de lo aprendido, la dirección acertada, motivación, progreso personal y colectivo. Si usted escoge ese camino, créalo, lo está haciendo bien, usted está creciendo y avanzando hacia lo mejor. Dios no lo abandonará mientras usted actúe así. Usted así llegará al morir, primero que muchos, a reunirse con dios.

Verdad número 43

Las leyes del universo actúan sea que las conozcamos o no.

Las pruebas:

- Nuestros antepasados poco o nada sabían de la mayor parte de las leyes que gobiernan el universo y de las cuales poco a poco hemos tenido conocimiento. Sin embargo las leyes siempre han estado ahí, regulando lo que les corresponde para sostener el orden de la creación, por siempre.

Guías que nos da esta verdad

- Entendamos que existen leyes que aún desconocemos, junto con las que ya conocemos, y sin importar el nivel de cultura y de conocimientos que hayamos logrado.

- Están actuando y nos regulan para continuar con el plan que nos permite cumplir el propósito para el cual fuimos creados.

- En el ámbito del espíritu y del alma también con certeza deben existir ese tipo de leyes prescritas antes de nuestra creación. Se requieren para poder mantener un orden dentro del numeroso y diverso universo de espíritus o almas que se están acumulando desde nuestro comienzo.

- Tratemos de desvelar esas leyes para saber más de nuestras limitaciones y nuestras capacidades.

- Tiene bastante sentido creer que por nuestro poco interés en profundizar en el conocimiento de las leyes del espíritu estamos subutilizando todo el poder conque, nuestro espíritu, está dotado.

- Se gana ejercitando algunas virtudes recomendadas por Jesús Cristo, el gran hacedor de milagros, para llegar a adquirir ese poder de hacer milagros. "En verdad os digo que si tuvierais fe como un grano de mostaza, diríais a este monte (cerro): Vete de aquí a allá, y el monte se trasladaría; nada os sería imposible".

- La realidad es que para lograr esa fe, de la que habla jesús, debe ser imprescindible tener un conocimiento más profundo del espíritu y las leyes que están prescritas para él. Creemos que a mejor y más amplio conocimiento de estas leyes del espíritu es mayor la probabilidad de que nos formemos concepciones más acertadas que dirijan y den mejor fundamento a nuestras vidas.

Verdad número 44

El desconocimiento o la no comprensión de algo no significan que no exista.

Las pruebas:

- Todavía faltan muchísimas cosas del mundo material que desconocemos. Es asombroso el número de nuevos materiales, con características no imaginadas, que descubrimos en el correr de los tiempos. Véase por ejemplo los, ahora de moda, en el terreno de la investigación y de las aplicaciones prácticas, los nanotubos de carbono. Y que tal las láminas de grafeno, derivado del grafito, otra forma también del carbón. Deléitense leyendo sobre estos nuevos materiales descubiertos. Las cualidades de esos materiales hacen prever un gran salto en el desarrollo en las industrias de la construcción y de la electrónica. Y estamos hablando de un solo elemento, el carbono, entre 118 descubiertos hasta ahora. Y que pensar de lo que falta por ver en ese incontable universo de la moléculas compuestas de dos, tres, cuatro, etc. átomos diferentes. Hasta la posición espacial o geométrica de un átomo con respecto al otro en una molécula cambia el comportamiento físico de ésta.
- Todos y cada una de sus partes, nos hace verificar o comprobar en el mundo de lo natural, lo infinito de la creación. Todo eso siempre ha existido y es real, no es la invención de una mente fantasiosa. Pero lo desconocíamos y, no por eso, ha dejado de existir. Ha estado allí siempre, esperándonos, a

que nosotros los descubramos y los utilicemos. El universo nos desafía a que lo conozcamos.

- Como estos hay muchísimos mas ejemplos en el campo de las comunicaciones, de la electrónica, de la física, de la química, de la medicina, de la neurología, etc.
- Si eso es así en el mundo físico, con más veras, deberá serlo en el mundo espiritual cuyas dimensiones no hemos podido explorar.

Guías que nos da esta verdad

- Por siempre, habrá algo nuevo que descubrir y en que entretener sanamente nuestras vidas. No es ni siquiera infinitesimalmente justificable que busquemos el mal y la destrucción de otros para dar satisfacción a nuestra insaciable ansia de riqueza, placeres y adicciones pecaminosas.
- Tengamos la convicción de la necesidad del cambio de la dirección que la mayoría de nosotros hemos dado a nuestro comportamiento. Es en el bien y en la sabiduría donde está la abundancia a montones e inacabable.
- Lo que falta por descubrir es infinito y está cargado de promesas creíbles y de riquezas y de desarrollo y de complacencia y de orgullo bien merecido.
- Todos los que se propongan encontrar (con su creatividad, con su inteligencia. con su estudio, con su perseverancia, con su fe) en la perfección de lo creado, lo que todavía está escondido, encontrarán el camino de la prosperidad.
- No nos conformemos con lo que otros ya han descubierto por que ellos, ya hicieron su parte. No

nos detengamos solo a criticar para devaluar lo que otros han hecho en pos de la honesta prosperidad. Es nuestro turno de hacer algo por esa prosperidad, no quitando, si no dando, cooperando, dando ejemplo, demostrando que todo es posible, por el buen camino.

Verdad número 45

Sentimos la necesidad interior de creer en algo superior que justifique nuestra existencia.

Las pruebas:

- Cuando no hemos sido capaces de encender la luz que nos permita ver o entender la vida y su complejidad, nuestra vida navega en un océano de incertidumbre, de desorientación y sin poder encontrar el rumbo. Entonces "sentimos la necesidad interior de creer en algo superior que justifique nuestra existencia".
- Ese ser superior, responsable del mandato de nuestra existencia, está en alguna o todas partes. La necesidad de creer en ese ser superior no es solamente la prueba de su existencia. Todas las verdades anteriores que hemos descrito en este escrito, nos han demostrado la realidad de ese ser.

Guías que nos da esta verdad

- Ese algo superior, como, efectivamente, todo lo evidente nos lo confirma, no nos hubiera creado de cuerpo, alma y espíritu libre e inteligente simplemente para abandonarnos, en esta soledad universal, por solo unos pocos años, a cada uno de nosotros, para luego destruirnos y dejarnos como material de desecho. El abandono y la muerte no parecen tener una "lógica de propósito" del generoso creador. Gastar tanta energía, tanta planificación, tantos millones de años de evolución para tal despropósito es, inaudito o monstruoso. Por el contrario, estamos creados para un "propósito glorioso" deducible de la grandeza de la ingeniería, de las leyes, de la complejidad, y del desarrollo en el interminable tiempo requerido por el proceso que aún no termina.

- "El propósito" gobierna la lógica para las realizaciones. Así lo hemos comprobado en nuestras realizaciones. Por ejemplo, Si aspiramos a comunicarnos mediante la escritura cambiamos la lógica del propósito del "hablar", a la lógica del propósito del "aprender a escribir" que es un poco más complejo. Requiere subir un peldaño en conocimientos (letras, gramática, ortografía, caligrafía) y abre una puerta para encontrar, a través de la lectura, de más sabiduría para él desconocida y oculta.

- Los propósitos que nos propongamos, fijarán en nuestras almas la lógica de nuestros pensamientos y nuestra voluntad. Propósitos intrínsecamente buenos desarrollarán lógicas bondadosas y constructivas. Propósitos intrínsecamente malos desarrollarán lógicas malignas y destructivas.

- Una persona imparcial, con un propósito de aprendizaje humano, de crecimiento personal espiritual, receptivo, de superación, de fraternidad,

103

de solidaridad con la sociedad, etc. leerá, por ejemplo, un libro como la biblia, con una lógica de búsqueda de lo bueno que allí pueda encontrar y se mostrará comprensivo de las limitaciones físicas, históricas, de evolución y desarrollo de los que se tomaron el trabajo de escribirla. Tomará lo positivo y olvidará discretamente lo que a nuestro siglo pueda parecer sin sentido. Él decidirá si cree que allí hay palabra de dios o no.

- Concebir nuestra lógica humana bajo la consideración de nuestros propósitos nos aclara muchos comportamientos. Tratemos de imaginar la lógica humana en un propósito muy común como el de conseguir riqueza. La lógica será una cuando el propósito sea conseguirlo honestamente. Pero será muy diferente cuando el propósito sea conseguirlo como sea pues su propósito justificará cualquier tipo de acto, sea bueno o malo.

- El propósito de la creación originó la lógica para la realización de todo lo creado. Las leyes de la naturaleza, de la materia, de la energía, de la vida son producto de esa lógica. Particularmente, nosotros, los seres humanos, somos consecuencia de esa lógica. Somos seres finitos en este mundo. Como tales no hemos podido entender la lógica de lo infinito. Habernos hecho finitos acá en la tierra debió también haber sido parte de la lógica del propósito para concedernos el libre albedrío solo durante nuestra vida terrenal. No se nos podía dar ese privilegio eternamente porque hemos demostrado que no lo merecemos. Dios sabía lo que hacía. Todo está entretejido sutil y sabiamente.

- Y en cuanto a nosotros, una lógica consecuente con el propósito de lograr ser eternos y seguir viviendo en otras dimensiones, después de la muerte, es la que nos invita a comportarnos como dios manda, para merecerlo. Es el estímulo correcto de nuestra evolución.

- Nuestra evolución espiritual no debe seguir siendo estimulada, como hasta ahora parece haber sido, por la necesidad de protegerse contra lo dañino o lo maligno, y por la búsqueda desenfrenada de placeres, fama, y riqueza. No vinimos solo a guerrear y a gozar. Si ese hubiera sido el sentido de nuestras vidas entonces si estaríamos destinados a convertirnos en basura desechable.

- Recuperemos nuestra autoestima pero sin soberbias. Estamos creados con el propósito de alcanzar la gloria de dios. Busquémosla, merezcámosla. No hay nada gratis.

Verdad número 46

Creer en que nuestra vida espiritual es infinita y que continuará más allá de la muerte, en otra dimensión, nos hace mejores seres en nuestra vida material presente.

Las pruebas:

- Las personas que eligen hacer el mal, por cualquier razón que esgriman como justificación, casi sin excepción, están convencidos de que su vida solo es la presente, en este mundo material. Para ellos solo existen las emociones, los placeres, las tristezas, los dolores y los bienes materiales que consigan en el ahora. Es entonces consecuente que no respeten la vida, ni los sentimientos, ni los bienes de los demás y ni siquiera la vida de ellos mismos para conseguir ahora y pronto lo que ya no será posible, según su pensar, después de su final vital.

- Las personas estudiosas que reconocen la existencia del alma y el espíritu en otro nivel más allá de lo simplemente material perciben, intuyen que hay algo más allá de lo material o físico. Su curiosidad los impulsa a investigar la existencia de fenómenos que trascienden lo físico.

- Y en esa escala ascendente de investigaciones, de experiencias paranormales, de testimonios bastante creíbles de quienes han tenido experiencias en tal sentido, se convencen de la veracidad de que la muerte física sólo nos arrebata el cuerpo pero no el alma y el espíritu que creció en conocimientos y sabiduría.

Guías que nos da esta verdad

- El grupo de los individuos que se convencen de la lógica verdad de la existencia de otra vida en el ámbito de la espiritualidad, convenciéndose con sus propios análisis de esta verdad, son por lo general los mejores seres humanos.

- Otro grupo lo conforman aquéllos que por creencias religiosas están convencidos de la existencia de otra vida. Aunque por lo común los individuos de este grupo son buena gente hay muchos de ellos que no lo son, ni están interiormente convencidos y fácilmente tuercen el camino ante las tentaciones del mundo carnal y de la sensación de libertad absoluta que les da no preocuparse de sus responsabilidades en otra existencia.

- Busquemos con todos nuestros medios filosóficos, teológicos y científicos, con nuestra profunda, honesta y sincera interioridad las verdades obvias que podamos encontrar. Fundamentemos nuestras creencias en ellas, en las que encontremos personalmente y en las que otros hayan encontrado y nos hayan permitido compartir.

Verdad número 47

Las emociones extremas encarcelan al alma, bloquean el pensamiento, distorsionan el intelecto y estancan el crecimiento del espíritu.

Las pruebas:

- Quienes, en vida terrenal, han tenido experiencias paranormales de percibir la presencia de individuos ya fallecidos, por medio de algún tipo de manifestación sensorial, describen por lo general almas atormentadas por alguna fuerte emoción al momento de su muerte o sostenida largamente a lo largo de sus vidas terrenales. Esto hace concluir que son almas que quedaron atrapadas en una especie de cárcel de torturadoras emociones.
- En vida, siendo nosotros testigos de nuestras propias experiencias, hemos comprobado como el miedo extremo o pánico nos paralizan. En ocasiones hemos preparado muy bien una conferencia pero, al llegar frente al público, el terror escénico,

como suelen llamarle, nos bloquea el pensamiento y se nos olvida todo lo que pretendíamos decir. Es frecuente también escuchar como el enamoramiento "emboba" a las personas.

Guías que nos da esta verdad

- Tener las emociones es muy importante. Son testimonio de estar conscientes y vivos. Son "otros" de los hermosos regalos adjuntados en nuestra creación. Hasta los animales y posiblemente las plantas también las tienen.

- Sin embargo, la experiencia nos indica que no podemos permitir que nuestras emociones sobrepasen un cierto límite que tenemos y que es diferente para cada individuo. Las emociones extremas pueden llevarnos con mucha facilidad a los vicios, a la delincuencia y hasta el crimen. Muchas personas han asesinado a otro por el odio o la rabia excesiva. Es frecuente también el crimen pasional. Una emoción enfermiza lleva al degeneramiento, como es el caso de los homosexuales y de los pedófilos. Hay que evitar a toda costa la emoción anormal. Si se acepta una sola vez esta tentación es muy posible que sea el inicio del proceso degenerativo y sin retroceso. Y lo peor, no deja descansar el alma después de la muerte.

Verdad número 48

La eficiencia en el uso del tiempo es directamente proporcional al conocimiento. A más conocimiento más avance.

Las pruebas:

- Cuando tenemos frente a nosotros uno de tantos problemas que resolver y que se nos presentan en el cotidiano vivir, comienza a correr el tiempo, para lograr su solución. Si tenemos suficientes conocimientos sobre el tema de que se trata el asunto casi que inmediatamente podemos iniciar gestiones para resolverlo. Damos pasos certeros, avanzamos en la dirección correcta, y va apareciendo la luz que despeja el camino y que nos muestra un panorama comprensible de la situación. Con este dominio del problema, se van dando las respuestas a cada incógnita que pueda aparecer, secuencial y ordenadamente.

- Ciertamente, las repuestas se toman su tiempo, por supuesto, como en todo proceso pero eficientemente, sin malgasto de energías ni de recursos y con resultados apropiados.

- En lo descrito anteriormente consiste la utilidad y la magia del conocimiento, de las matemáticas, de las computadoras. Este conocimiento nos da las herramientas para plantear los problemas. Nos permite elaborar ecuaciones o complejos algoritmos que hacen ver la claridad y despejan el camino.

- La tecnología de punta nos proporciona los medios para facilitar los cálculos tediosos y demorados. Están para nuestro servicio las computadoras, cada vez más rápidas y eficientes. Y la información disponible, que puede contener ya la respuesta de problemas similares al que enfrentamos, está al alcance de un teclado del computador y la conexión a la red del internet. La condición para disfrutar y utilizar todas esa maravillas es una básica: ¡el conocimiento!

Guías que nos da esta verdad

- Estamos en el siglo veinte y uno. Nuestro presente es lo más avanzado hasta ahora conocido por el ser humano y promete seguir avanzando cada vez más aceleradamente. Los adelantos logrados en la tecnología y en las comunicaciones alrededor del mundo han multiplicado la posibilidad de tener acceso cada vez mejor, más racionalmente y más rápidamente a los conocimientos existentes.
- No poder tener medios para estudiar presencialmente en una universidad ya no es razón para quedarse ignorante. Ya el estudio utilizando el internet es una realidad. Quedarse atrás ya no tiene justificación salvo la pereza y la poca voluntad de progresar. Ser autodidactas es más posible ahora de lo que nunca lo fue.
- Quien se quede atrás perderá cada vez más la oportunidad de progreso y de ganar recursos. Todas las oportunidades de nutrirse de conocimientos están más cerca para todos. No dudemos en esforzarnos por ponernos al día en las posibilidades y el manejo de las computadoras. El aprendizaje del uso positivo del internet como elemento de consulta se ha vuelto la ventana para el acceso al conocimiento.
- El acceso gratuito a libros que antes tenían un alto costo es ahora posible en las bibliotecas virtuales. Ya todas las preguntas son respondidas sin necesidad

de recurrir a un maestro. Aprovechemos que estamos en la era del fácil acceso al conocimiento.

Verdad número 49

Solo "crece" el que avanza hacia el creador.

Las pruebas:

- Esta verdad puede ser sólo válida para quien ha sido creado con la predestinación de poder reunirse con el creador. Por ahora pensamos que por la presencia de alma y de espíritu, en nuestro ser, somos los únicos que vamos a gozar de ese privilegio. Pero no hay evidencia de que seamos los únicos. Hay quienes afirman (sin pruebas, por supuesto) que lo animales, que están tan cerca de nuestro nivel, también tienen alma y espíritu. Esto los coloca como potenciales candidatos a la vida en otras dimensiones.

- Es realmente especulativo tratar de imaginar como podrá ser la vida en otras dimensiones. Lo que podemos asegurar es que allá existen jerarquías. Pensar que allá hay plantas, animales y otros entes es tratar de trasladar, en parte, el mundo terrestre al mundo celestial.

- Sólo podemos distinguir, como verdad obvia, el "crecimiento" que constatamos en nosotros mismos al avanzar hacia el ideal que tenemos de nuestro creador. Por eso afirmamos que esta es otra verdad obvia.

Guías que nos da esta verdad

- La conclusión positiva para nosotros es que creceremos si seguimos la dirección impresa en la marcha natural de la evolución.
- A través de la edad del universo, es esa dirección la que se ha mostrado cierta para crear la vida y las transformaciones que nos han hecho cada vez más perfectos y sabios.

Verdad número 50

El equilibrio perfecto no existe. Todo está en movimiento en la dirección de la fuerza dominante. Esta verdad explica la existencia de la evolución.

Las pruebas:

- Tomemos como muestra nuestro planeta de residencia. Tiene una órbita alrededor del sol que demarca nuestros años. Su dirección de movimiento alrededor del sol siempre es la misma. Nunca será la opuesta. La dirección la impuso en su debido momento una fuerza dominante que la hizo ir hacia allí. Pudo haber sido en otra dirección si se hubieran dado las condiciones del desequilibrio para que eso sucediera. Pero no fue así. La verdad obvia es la presente, la que persiste. Se impuso el desequilibrio porque el equilibrio perfecto no existió ya que prevaleció el movimiento.
- Nosotros, frecuentemente, más bien, casi siempre, tenemos que tomar la decisión de elegir entre la tentación maligna o antiética que ofrece placeres

torcidos o riquezas, mal habidas, y la decisión de atender y aceptar el impulso interior benigno de hacer lo correcto, lo que no perjudique ni implique daño para nadie. Son dos fuerzas contrarias actuando en sentidos contrarios sobre un mismo ente. A la final, el movimiento se dará en la dirección de la fuerza dominante.

- En la naturaleza galáctica como también en la atómica la evolución, que no es más que movimiento, y que está siempre presente, es la demostración de que hay un desequilibrio perpetuo, en todo, que está marcando la dirección de movimiento de la vida y de la expansión del universo.

Guías que nos da esta verdad

- Para nosotros es un buen ejercicio poner a actuar sobre nuestro ser, la fuerza de las verdades obvias versus las concepciones formadas en nuestro pensamiento. Si las resultantes están obrando en la misma dirección de la evolución es un buen indicio de que nuestras concepciones están bien orientadas. Si sucede lo opuesto, entonces es muy probable, que nuestras concepciones anden por el lado equivocado.

- Es preciso estudiar, documentarse, asesorarse de personas sabias y honestas, reanalizar nuestras concepciones y corregir lo que haya que corregir. Es un proceso gradual y toma tiempo pero es necesario para que nuestro sentido de la responsabilidad se agudice

Verdad número 51

El dolor es la alarma de que algo anda mal.

Las pruebas:

- No nos percataríamos de que tenemos una enfermedad, o una herida u otro cualquier daño si no sintiéramos un dolor o al menos una molestia o una sensación desagradable. Igual pasa con el alma. Decimos que nos duele el alma cuando están afectados nuestros sentimientos. El dolor se convierte entonces en otra de las bendiciones con que fuimos regalados. El dolor nos avisa que algo está funcionando mal, que hay que buscar oportunamente la cura y el remedio.

Guías que nos da esta verdad

- Hemos aprendido que con cierta periodicidad es conveniente someternos a exámenes médicos para revisar nuestra salud y no simplemente sentarnos a esperar hasta que el dolor nos ponga sobre aviso. Aunque el dolor es la señal de alarma de que algo anda mal, también es cierto que en algunos casos, cuando recibimos la señal, podría ser demasiado tarde para eliminar ciertos daños directos y colaterales. Miren lo que pasa, por ejemplo, con el nivel de colesterol alto en nuestro organismo. No se presenta dolor perceptible por el comienzo o agravación de esta condición. Cuando lo percibimos, con frecuencia a través de un problema cardíaco por mala circulación sanguínea, ya el mal ha hecho mucho daño y podría ser tarde el remedio. Existen otras enfermedades como la lepra que dicen, los que la padecen, que elimina la sensibilidad en la piel a cualquier manifestación de dolor, impidiéndose que se detecte su aparición en un adecuado momento de su desarrollo.

- Es, por esas mismas razones, altamente recomendable, hacerse periódicamente también exámenes interiores de conciencia, de nuestras conductas sentimentales, de nuestros esfuerzos por nutrir positivamente nuestro espíritu, de nuestras concepciones filosóficas, de nuestras motivaciones, del comportamiento con los demás y con el entorno, para evitar los dolores del alma, que a veces resultan más difíciles de detectar a tiempo y de curar que los males del cuerpo.

Verdad número 52

Nada es completamente fortuito.

Las pruebas:

- Esta verdad se encuentra bastante ilustrada con lo descrito en la verdad número 25: "todo lo existente marcha según un plan". En los estados de desarrollo de la ciencia, en el lejano pasado, y aún en los relativamente recientes estados de la misma, de la filosofía, de la matemática se llegó aceptar la existencia de lo fortuito, del azar, de la suerte. Se le consideraba una verdad innegable. En el presente esa creencia ha sido desvirtuada. Con el advenimiento de equipos de cómputo cada vez más poderosos se ha podido demostrar que nada es fortuito y que todo tiene una explicación racional. Lo que pasa es que el laberinto de lo complejo cada vez se ha intrincado más, por la multiplicación de las variables que intervienen en el desarrollo de un proceso.

- Si, por ejemplo, enfocamos nuestra mirada a una sola problemática, la humanidad por ejemplo, podremos constatar que pasamos de una población viva de unos pocos millones de habitantes hace unos 20.000 años a la espeluznante cantidad de 7000 millones de habitantes. Todos esos humanos existen simultáneamente, dotados con libre albedrío, con diferentes pensamientos, diferentes estados de desarrollo, diferentes idiomas, diferentes razas, diferentes religiones, etc., etc., etc. De manera que elaborar un algoritmo matemático que pueda predecir un resultado que implique la intervención de mucha humanidad y de todos los otros factores naturales que intervienen en mayor o menor grado en ese resultado, es casi un imposible.

- Obviamente, no lo sería tanto, sin embargo, si se tienen las herramientas de cómputo adecuadas y cuya capacidad de memoria y cálculo permita tener en cuenta todas las variables que intervienen. El hecho es que se ha demostrado que no hay sucesos fortuitos sino complejos y extremadamente difíciles de calcular o predecir. Si esto es así, queda claro que todo, teóricamente, puede planificarse, o calcularse, o predecirse.

- Por eso es plausible afirmar que todo en el universo obedece a un plan prediseñado, en el que se han previsto todas las variables y condiciones posibles para que, al final, siempre se cumpla su propósito y no se presente un resultado simplemente fortuito o de azar.

- Es sin embargo necesario mencionar que en la medida que se hacen investigaciones en el comportamiento de las partículas subatómicas y en el comportamiento de la mecánica cuántica se habla de comportamientos dominados más por las probabilidades que por la certeza. A medida que se pasa a niveles más cercanos al mundo visible la probabilidad desaparece y la certeza gobierna los sucesos.

Guías que nos da esta verdad

- En las grandes obras no se puede dejar nada al azar. Requieren de un plan para poder desarrollarlas adecuadamente, eficientemente, económicamente y en un tiempo previsto. El plan es, en principio, la gran guía de construcción pero es susceptible de que se requieran modificaciones, al mismo, por variadas razones o situaciones no previstas y que generalmente se presentan durante el largo proceso del desarrollo de sus muchas etapas. Lo ideal es que se mantenga el plan según lo diseñado originalmente pero siempre su diseño debe permitir moderada flexibilidad para aceptar los cambios que se precisen durante la construcción y sin que se altere su propósito final. Es de esa forma como la realidad nos enseña como debemos tratar de manejar la gran obra de nuestras vidas.

- Comencemos por prepararnos lo mejor que podamos. No permitamos que la ignorancia se convierta en el enemigo de nuestras metas.
- Mantengámonos conscientes del mayor número de variables que puedan afectarnos, incidir o requerirse.
- Mantengamos un paso firme y decidido hacia nuestros propósitos.
- No nos apartemos peligrosamente de la guía principal que hemos preparado.
- El devenir y los cambios inevitables que se producen en nuestro entorno y en nosotros mismos deben ser recibidos con comprensión, con paciencia, con tolerancia y manejados con inteligencia para que no alteren en esencia nuestros propósitos si no que más bien nos den ideas para mejorar esos propósitos y hacerlos más amplios y valiosos.

Verdad número 53

Las diferentes identidades que aparecen en la creación obedecen a planes hechos para ellas. Su repetición incontable en copias exactas indica que no son productos del azar o del caos.

Las pruebas:

- Si existe algo que esgrimen los creacionistas para demostrar que cada especie fue creada y diseñada para ser así, como las conocemos, es precisamente su repetición incontable en copias exactas y durante cientos de miles de años. No retroceden a las especies primarias de la que se dicen que evolucionaron. ¡Ninguna de sus ramificaciones lo puede hacer!

• Si es que existe, por ejemplo, una especie primaria, el eslabón común perdido, del cual se ramificaron varias especies, la verdad es que ninguno de los elementos actuales de esas especies puede volver a su origen.

• Sin embargo las especies actuales se repiten exactas de generación en generación. Hay en esto dos pruebas concluyentes, a saber, estas realidades inobjetables indican que las diferentes identidades de la creación no son productos del azar, o de la casualidad o del caos. Y en segundo lugar, siendo que la evolución es una verdad obvia, entonces la existencia de las identidades diferentes obedecen a evoluciones programadas cada una para llegar hasta una meta prefijada.

• Una vez cercana a esa meta, la evolución física se va frenando hasta casi detenerse y hacer su avance prácticamente imperceptible. En ese punto meta de su evolución quedan las identidades pero su permanencia como especie se asegura con su capacidad de reproducirse.

• El morir de cada generación tiene de seguro otros propósitos que tienen su lógica y que pueden encontrar alguna explicación en las verdades: "*la muerte o el final de lo biológico o lo material determina el hito de evolución que pudo alcanzar esa creatura individual en la dimensión natural*". "*La conciencia de la fragilidad, la vulnerabilidad y la mortalidad son el control de la soberbia*".

Guías que nos da esta verdad

- Nosotros somos lo que fuimos programados para ser y, con seguridad, habiéndonos sometido como todas las creaturas al mandato de la evolución física y bilógica. No es muy probable que contemos con la esperanza de transformaciones físicas que perfeccionen, visiblemente, más, el cuerpo de nuestra especie. Al menos podemos decir que, si eso sucediera, solo sería notable en unos cuántos millones de años y ya no existirían ni fósiles de los hoy presentes.
- Lo notable es la evolución de nuestros espíritus. Especialmente, cuando nosotras permitimos y nos esforzamos para que esa evolución se dé. Dede manera que no nos preocupemos mucho de la evolución de nuestros cuerpos porque no nos vamos a dar cuenta de ello. Preocupémonos más bien de la evolución de nuestros espíritus porque de esto si nos percataremos. Y lo mejor: estaremos ganando créditos para mejor jerarquía en nuestra vida eterna.

Verdad número 54

Del manantial de las verdades sólo podemos beber gradualmente.

Las pruebas:

- Ya hemos dicho que la verdad absoluta es la sumatoria de los términos de una serie de verdades componentes. Filosóficamente, la verdad absoluta solo puede ser alcanzada por el ser perfecto, eterno e infinito en todo. Ese sagrado ser es el manantial de las verdades que se van desvelando en todo lo creado. Ya lo hemos comprobado, de ese manantial sólo se nos ha permitido beber gradualmente.

• Esta verdad de hecho configura otra verdad: toda la creación es gradual.

Guías que nos da esta verdad

• Todos sabemos por la propia experiencia que es un imposible comer toda la comida que existe en el mundo. Ni siquiera podemos comer ni beber porciones más allá de lo que podemos digerir. Moriríamos en el intento.

• Entonces señores aprendamos a manejar nuestro ritmo vital tanto el del cuerpo como el del espíritu y el del alma. Si al espíritu tratamos de introducirle más de lo que puede aceptar su propio ritmo, correremos el peligro de enloquecer. Si al alma tratamos de embutirle emociones extremas, corremos el peligro de bloquear nuestra inteligencia, o de cometer exageraciones contra los demás y contra nosotros mismos.

Verdad número 55

La eficiencia del alimento ingerida es mayor cuando se toma en las dosis aceptables y esperando el tiempo necesario para digerirla.

Las pruebas:

• Esta verdad hace resaltar el significado tan importante que tiene la práctica de la moderación y de la prudencial espera en todos nuestros actos conscientes. Todos los que han aprendido a vivir con racionalidad pueden dar testimonio de lo perjudicial que son los excesos y los, que algunos llaman, los aceleres innecesarios, inútiles y hasta perjudiciales.

- Cuando practicamos la moderación en la cantidad y en la velocidad, en la satisfacción de los naturales apetitos de nuestro organismo integral, funciona éste, mucho mejor, porque lo ponemos a trabajar con su propio ritmo vital.

- Hacemos énfasis en las palabras "organismo integral" para resaltar que, siempre debemos tener presente que el cuerpo, el alma y el espíritu hacen parte de ese organismo.

- Exagerarnos en el comer hace pesado digerir los alimentos y nos deforma nuestros cuerpos con la gordura que sobreviene como consecuencia. *Algo similar ocurre con la satisfacción indebida de apetitos y ansiedades anormales del alma. Esto conduce a los vicios y adicciones los que a su vez conducen al descuido del cuerpo, de la salud, de la imagen personal, del deseo de superación, etc. que a la vez conducen rápidamente a la depravación, a la enfermedad o a la muerte.*

- Todo proceso toma su tiempo y así lo es también en los procesos vitales.

Guías que nos da esta verdad

- Cuando leemos un escrito, no lo aprovechamos en su significado profundo si lo devoramos a toda velocidad y si no dejamos que sus frases, sus sustantivos, sus adjetivos, sus verbos tomen su tiempo para llegar bien adentro de nuestras almas.

- En una simple conversación, en un estudio, en un análisis de investigaciones o de experimentos, en una observación de algún fenómeno, etc., pasa lo mismo.

- Si queremos entender verdaderamente algún evento, para poder tomar ventaja o utilidad de él, hay que estudiarlo por partes que podamos digerir y tomarse el tiempo para su asimilación total.

- La ligereza no lleva a nada. La ligereza no deja huellas profundas ni enseñanzas positivas aprovechables o rescatables porque se desvanecen rápidamente de la memoria. La ligereza solo deja errores.

- La llenura rebosante solo trae cansancio y peligro. Siempre se debe dejar una tolerancia a la capacidad total para que el procesamiento de datos tome su tiempo y no se cope fácilmente la capacidad máxima con lo imprevisto y se corra el peligro inminente del colapso.

Verdad número 56

La convicción de la existencia de dios y las conclusiones de la lógica son convergentes.

Las pruebas:

- Muchos critican a los filósofos y científicos que tratando de explicar nuestra vida, nuestro origen y nuestros propósitos con el uso de la pura lógica o de investigación de los fenómenos reales, terminan inclinándose ante la contundencia de la existencia de dios.

- Hasta los que se confiesan furibundamente ateos no resisten una sincera y honesta argumentación filosófica, o matemática, o tecnológica o científica que les lleve a convencerse de la abrumante verdad de la existencia de un diseñador, constructor, director e interventor de la marcha de lo existente.

- Siempre que nos atrevemos a pensar en los orígenes o fines y propósitos del universo, utilizando todas la herramientas científicas o filosóficas a disposición, desembocamos irremediablemente en la necesidad convergente de la aceptación de un ser superior eterno y de poder infinito responsable de todo y más allá del cual no encuentran asidero series de explicaciones, que no encuentran un final o una razón y un sentido.

Guías que nos da esta verdad

- La creencia en la verdad de verdades obvias que es nuestra concepción de dios, es el punto inicial y final de todo. Es insensato hundirse en la imaginación de una nada, que se expande, desde el momento del big-bing, hacia atrás. Y que también se expande desde la punta del ultimo átomo viajero que está al otro extremo, del actual extremo exterior del universo que existe, hacia adelante. Hacia dónde, hacia qué, lejos de dónde, lejos de qué!!!!!!?

- La verdad absoluta es dios. Es el fundamento último e indestructible de todo. Bendito, santificado, glorificado sea tu nombre.

- Todo converge hacia allá.

Verdad número 57

La diligencia o claridad en el desarrollo y expresión de nuestras ideas las valora y aumenta la probabilidad de que se conviertan en realidades.

Las pruebas:

- Todo en el universo tiene su forma y su fondo. Están tan íntimamente ligados estos dos conceptos que no es fácil concebir al uno sin el otro. Tampoco es fácil definir cual de los dos es más importante para lograr la realización de, por ejemplo, un proyecto.

- Una gran idea se quedará en la dimensión del pensamiento si no es bien comunicada a los demás. En otras palabras, esa idea si no es sembrada para que produzca cosecha, o como mínimo, pasada o introducida al mundo de lo visible, de lo perceptible o de lo entendible o captable por los demás, será o se convertirá en una idea perdida.

- Una buena idea o fondo sacado a la luz para todos los que escuchan, presentándola con esmero, con formas entendibles, bien enfocadas, con sustentación científica, o filosófica, o matemática, o tecnológicamente realizable, respetando normas y otras enseñanzas válidas, con acuciosidad, diligencia y claridad tiene una altísima probabilidad de éxito.

Guías que nos da esta verdad

- El esmero, o el esfuerzo, o el trabajo, o el profesionalismo o el tiempo que se invierta en la presentación de una idea al público de nuestro interés es el primer paso acertado para que una idea se pueda convertir en una realidad. Y ese es un trabajo que puede hacer mejor personalmente el autor o dueño de la idea que ama y cree en su idea sin que tenga que asignarlo a otro. No es necesario esperar remuneración por ello, a corto plazo, pues con bastante certeza la gran cosecha llegara a su debido tiempo.

Capítulo Seis

Verdades del género 4

Verdades que siendo temporales e irrepetibles aceptamos porque pueden ser confirmadas mediante grabaciones autóctonas o memorias inmodificables o por sus efectos remanentes comprobables.

Verdad número 58

Los milagros son obras sobrenaturales que trascienden el campo de lo físico y lo natural. No pueden ser explicados o demostrados por la ciencia que solo es válida y concebida para explicar o manejar el mundo material o natural conocido. La creación, el alma, el espíritu, jesús cristo son milagros. No son explicables naturalmente.

Las pruebas:

- La ciencia ha encontrado explicación a muchos fenómenos físicos y las leyes que le aplican y ha logrado sintetizarlos en algoritmos matemáticos que permiten controlarlos, calcularlos y utilizarlos.

- Apenas ha comenzado a aprender y a aprovechar lo que entra en el ámbito de algunas de las energías y ha descubierto leyes que las regulan, las controlan y las explican en sus diferentes manifestaciones y que se encuentran en el ámbito de lo natural.
- El proceso de estudio e investigación continúa. Pero aún hay energías que siendo del ámbito natural, la ciencia ni las conoce, ni las ha descubierto o no están plenamente dominadas (la energía atómica, por ejemplo) o identificadas o explicadas como es el caso de la sospechada energía o materia oscura de cuya existencia apenas se comienza a hablar. Para aquellos que poco han escuchado de su sospechada existencia y de sus dimensiones descomunales transcribimos a continuación este artículo informativo para su ilustración:

"De confirmarse, podríamos encontrarnos ante el mayor descubrimiento en muchos años en el mundo de la física, un hallazgo que daría la vuelta por completo a los parámetros científicos que manejamos ahora. Un equipo de científicos, entre los que se encuentran investigadores de la universidad de florida (ee.uu.), ha encontrado la que puede ser la primera partícula de materia oscura. Las pruebas aún no son concluyentes, pero sí muy esperanzadoras. No se trata de rumores. El estudio ha sido publicado en la edición online de la prestigiosa revista science.

La materia «ordinaria», la que conocemos, da forma a todo lo que podemos ver, desde un pequeño insecto a una galaxia, pero los científicos creen que sólo suma el 4% del universo. El resto, un inmenso 96%, está compuesto por materia y energía que no conocemos, razón por la que las hemos llamado «oscuras». La materia oscura daría cuenta, según los investigadores, de otro 20%

de la masa total del universo. El restante 77% estaría hecho de energía oscura, un concepto aún más extraño y desconocido.

Por eso, encontrar una partícula tan especial supondría un magnífico acontecimiento.

Tras nueve años de búsqueda, quizás hayamos dado el primer paso. El detector CD MS (cryogenic dark matter search), construido en las profundidades de la mina_soudan, una antigua explotación de hierro en minnesota, ha captado dos posibles partículas de este tipo, también conocidas como wimps.

Entre sus características conocidas, se encuentran que sólo reaccionan ante dos de las cuatro fuerzas de la naturaleza (la gravedad y la fuerza nuclear débil, responsable de la radiación).

Pero no todo está ganado. Según los expertos de la universidad de florida, hay una oportunidad entre cuatro de que estas partículas sean simplemente «ruido de fondo». «Es algo complicado, los números son demasiado pequeños», admite Tarek Saab, uno de los físicos que participa en el experimento junto a docenas de colegas.

Los científicos reconocieron hace décadas que la velocidad de rotación de las galaxias y el comportamiento de los cúmulos de galaxias no podían explicarse por las fuerzas tradicionales de la gravedad.

Otra cosa, algo invisible, imperceptible pero muy potente tenía que ejercer la fuerza necesaria para que la galaxias rotasen a más velocidad de la esperada y otras anomalías similares.

A esto se ha llamado materia oscura. Oscura porque no refleja ni absorben la luz de ninguna forma, que, a pesar de su innegable influencia, nunca ha podido ser observada directamente.

El nuevo hallazgo, aunque aún no puede confirmarse, ayuda a eliminar algunas teorías más o menos vigentes sobre la materia oscura, delimita el perfil de los wimps y puede acelerar la carrera para detectarlos".

Esto nos comprueba que hay todavía incontables realidades del ámbito natural que desconocemos y que somos incapaces de explicar y que sin embargo existen y han existido por siempre.

- En ese orden de lógica, definitivamente es un imposible que soñemos que la ciencia llegue a tener capacidad para dar explicaciones convincentes de sucesos que no están en su ámbito sino que pertenecen a un ámbito sobrenatural.
- Estas mismas razones nos demuestran que es un absurdo que tratemos de descalificar sin argumentos de peso a aquellos, como los teólogos, los escatólogos, los filósofos, los religiosos, que tratan de encontrar explicaciones a las realidades sobrenaturales.
- Realidades como el espíritu, el alma, los sentimientos, el pensamiento, los recuerdos, jesús cristo y sus milagros y su resurrección, el origen y el propósito de la creación, y la realidad de un dios todopoderoso, definitivamente no parecen ser terreno de la ciencia.

Guías que nos da esta verdad

- No encontrar explicaciones científicas a sucesos sobrenaturales no es argumento para negar la existencia de ellos y la de mundos más allá de lo natural.

- Lo que es obvio es obvio y no se puede confundir como una ilusión o una simple creación de nuestra fantasía e imaginación.

- Ya se ha dicho y comprobado, a lo largo de este escrito, que lo más sensato, inteligente y cauteloso, para nosotros los seres humanos, que tenemos conciencia y libre albedrío, es basar nuestra vida y nuestro comportamiento en fundamentos bien estructurados.

- Nada puede haber más recomendable, fuerte y firme como base o cimiento garantizado para una vida correcta que tratar de aprender, aplicar y respetar la mayor cantidad de verdades obvias sacadas del mundo creado. Esto vale para todos nuestros congéneres, creyentes o no creyentes, ilustrados o ignorantes, creacionistas o partidarios de origen fortuito, ateos o teósofos, materialistas o espirituales, comunistas o capitalistas y todos los que se puedan encontrar en esta vida.

Verdad número 59

El alma maligna se esconde. Solo la delatan las acciones en que es sorprendida infraganti.

Las pruebas:

- Cuando se dan sucesos imprevistos o casuales de acciones malas ejecutadas por personas de comprobada vida recta generalmente estas personas son descubiertas fácilmente porque su corazón no puede esconder sus malas acciones. Se dice que en estas personas, de naturaleza buena, su propio corazón o su conciencia no soportan el remordimiento por el mal infringido. Ellos, a pesar del castigo que saben les aplicará la sociedad, se delatan a si mismos o se buscan la forma de ser descubiertos para aliviar su pena interior que no pueden seguir cargando por si solos. No quieren, jamás, volver a repetir su mala acción ni tener, siquiera, la oportunidad de volverlo a hacer. Son personas que se resisten con valentía a la influencia del mal.

- Contrariamente, el alma maligna sabe esconderse y disimular bajo un disfraz, muy bien manejado por este individuo, de inocencia y bondad. Su maldad es compulsiva y dominante en su ser. Sienten deleite y fruición en la ejecución del daño al prójimo. Lo volverán a repetir, conscientemente, tantas veces como puedan realizarlo, mientras no se les descubra. Estas almas son, un verdadero peligro para los demás.

Guías que nos da esta verdad

- Esta es una verdad que nos advierte de algo que no nos gusta aceptar pero que es la realidad innegable: la existencia de almas malignas.
- Nuestro comportamiento y nuestro camino debe ser el correcto en bien de nuestra evolución y progreso, pero debemos estar vigilantes y alertas para no dejarnos engañar y sorprender de las almas malas disfrazadas. Estas almas generalmente seleccionan para sus ataques a la gente bondadosa

de quienes esperan encontrar menos resistencia o respuesta defensiva violenta.

- Cuidemos a nuestros seres que son ingenuos por su inocencia y, circunstancialmente, más débiles por enfermedad o edad: nuestros niños y ancianos.

- Quisiéramos un mundo bueno, un reino de dios, pero desafortunadamente el mundo es lo que es y no lo que imaginamos o deseamos que sea. El mundo perfecto solo está en el infinito y todavía falta un eterno camino para llegar allá.

Verdad número 60

La pereza es el ladrón lento de la vida (de la acción, del movimiento, del emprendimiento, del estudio, del conocimiento) que retrasa el logro del potencial posible de evolución hacia la perfección.

Las pruebas:

- Todos tenemos conciencia y experiencia de haber dejado de realizar muchos proyectos e ideas positivas por pereza. Muchas veces dejamos perder una idea brillante que se nos viene a la mente, por la simple pereza de buscar un lápiz y un papel para anotarla y no olvidarla. Miles de ejemplos como ese existen.

- La pereza puede robarnos más vida que el miedo y la ignorancia. El miedo puede ser vencido con el valor. La ignorancia puede ser vencida con la información y el estudio. Pero la pereza cancela al valor y el esfuerzo requerido para estudiar e informarse.

Guías que nos da esta verdad

- La pereza es un enemigo de nuestras realizaciones.
- Ejercitemos nuestra alma, espíritu y cuerpo para vencerla. Demos al cuerpo la orden de movimiento hasta para las acciones más triviales y sencillas. Por ejemplo, no arrojar un desecho al piso sino echarlo a un tarro de basura, aunque tengamos que caminar un poco más. Estos simples movimientos adicionales ponen a funcionar una increíble cantidad de músculos, articulaciones, circulación sanguínea, nervios, sentidos, ritmo cardíaco, cerebro, etc. y todo eso constituye un excelente ejercicio para la buena salud. Además no ensucia su casa ni el piso.
- Vencer la pereza es definitivamente un buen negocio para nuestras vidas. Venciendo la pereza estamos aprovechando mejor las capacidades de nuestro cuerpo, haciendo algo que modifica el entorno y a nosotros mismos y en resumen, logrando que vivamos más plenamente.

Verdad número 61

Materia-energía, cuerpo-alma, alma-espíritu, espíritu-dios: ninguna de estas dualidades funciona bien la primera sin la dirección y presencia de la segunda.

Las pruebas:

- La ciencia lo ha demostrado: sin energías y leyes energéticas la conformación de un átomo de materia hubiera sido un imposible. De ahí en adelante tampoco hubiera sido posible la formación de moléculas, substancias complejas, planetas, estrellas, galaxias, seres biológicos.

- Sin alma o impulso vital hubiera sido un imposible la existencia comprobada de virus, bacterias, vegetales, peces, animales, seres humanos.
- Sin espíritu hubiera sido un imposible concebir a los seres humanos.
- Sin dios sería un imposible concebir un espíritu eterno y con capacidad infinita de acumular sabiduría.

Guías que nos da esta verdad

- Nosotros los humanos poseemos todas las dualidades mencionadas en esta verdad, al menos, mientras estamos en este mundo material.
- Sin energías nuestro cuerpo no podría crecer.
- Sin el impulso vital del alma nuestras células morirían.
- Nuestra capacidad espiritual de adquirir, acumular y crecer en conocimientos a través del transcurrir del tiempo estructura nuestra alma. Hasta ahora no hemos detectado posibles límites en nuestro espíritu para eso. En cada lapso de tiempo que pasa suceden nuevos fenómenos y el espíritu debe estar atento para dar respaldo al alma. Es tal vez la única manera que tenemos de alcanzar lentamente el infinito.
- Mientras estemos vivos sobre esta tierra, mantengamos el pié en ella porque de ella recibimos los alimentos.

- No nos elevemos demasiado con el espíritu tratando de entrar con complejas abstracciones, o, artificialmente, con drogas, a dimensiones que todavía no son las nuestras corriendo el riesgo de que olvidemos el cuidado de nuestro cuerpo y nuestra relación con el mundo material. La espiritualidad pura llegará a su debido momento.
- Nuestra alma debe proteger correctamente el ADN de sus células, el buen accionar de sus sistemas y órganos y darles el alimento adecuado. El ADN es muy sutil y puede ser afectado por sustancias venenosas o adictivas.
- Nuestra alma solo será voluntariosa, sensible y fuerte para direccionar y controlar bien nuestro cuerpo si está bien manejada por un espíritu sabio.
- Un espíritu recto y creciente solo se logrará sometiéndolo a las leyes del universo tanto materiales como espirituales. La unión del espíritu con dios a través de la oración, la adoración y la fe en Él son garantía de una buena vida.

Verdad número 62

La luz derrota a las tinieblas.

Las pruebas:

- La luz del sol elimina las tinieblas de la noche para hacer nacer el día.
- La luz de la luna y las estrellas aclaran tenuemente la profunda oscuridad de la noche.

- Nuestras luces artificiales rompen la oscuridad de la noche y de espacios herméticamente cerrados.
- Metafóricamente, una mente iluminada descubre secretos escondidos.
- Iluminadas explicaciones se entienden mejor.
- La luz permite ver lo oculto en las tinieblas.

Guías que nos da esta verdad

- Una vida diáfana es una vida transparente que deja pasar la luz dentro de ella para no esconder maldad.
- Por el contrario una vida oscura le huye a la luz para que no se descubra la malignidad escondida en su interior.
- La sabiduría es la luz que ilumina nuestras mentes para derrotar la ignorancia y descubrir la verdad.
- Ir a la luz al final del túnel al que entramos después de la muerte, es ir hacia dios que es la luz perpetua. Esta última experiencia paranormal de personas que estuvieron clínicamente muertas por algunos momentos y lograron volver a la vida terrestre es una muestra de que las dimensiones celestiales de vida después de la muerte están llenas de luz.
- Todo parece señalar que debemos llevar una vida terrenal diáfana, plena de luz y verdad para alcanzar los designios y propósitos de nuestra razón de ser.

Verdad número 63

El bien absoluto solo se encuentra en el infinito. Es la suma de todos los términos de una serie infinita de bienes parciales que se nos rebelan de manera progresiva y acumulativa en el transcurso del tiempo de todas las generaciones humanas que han existido, que existen y que existirán.

Las pruebas:

- Por alguna razón casi nunca estamos satisfechos con los aparentes bienes que conocemos o tenemos.
- Siempre deseamos o sospechamos o imaginamos que hay algo mejor más adelante, más allá. Eso constituye un estímulo a nuestra evolución.
- La vida nos ha demostrado que siempre hay algo mejor, o nuevo, o más avanzado que se descubre, o inventa, o construye en cada momento del transcurrir de los tiempos. Esta condición intrínseca de los bienes que se nos entregan no parece tener fin y lleva un efecto acumulativo de conocimiento y evolución perpetua. Es, expresado matemáticamente, una serie infinita de términos, constituidos éstos por los bienes que se nos van regalando o permitiendo.
- Como prueba podemos echar una mirada a los avances en la tecnología, en las comunicaciones, en la velocidad de los computadores, en la velocidad de nuestros vehículos de transportes, en la medicina, en la biología, y en fin, en todos los campos de la vida que conocemos.
- Lo mismo sucede en campos aparentemente negativos como, por ejemplo, en la sofisticación de las armas mortales y la sofisticación para cometer delitos.
- El resultado de restar lo bueno y lo malo, siempre resulta positivo a favor de lo bueno pues de otra manera ya nos habríamos destruido.

- El bien absoluto o meta debe estar en el infinito, convergente con el concepto de naturaleza discreta y acumulativa de todo lo existente.

Guías que nos da esta verdad

- Del afán no queda sino el cansancio, afirma el proverbio popular. Dejemos el afán de conocerlo todo en un instante. Busquemos nuestro ritmo natural para continuar encontrando verdades y nuevos bienes de la serie infinita de éstos.
- A su debido tiempo, en la eternidad cada uno de nosotros será dueño de lo absoluto integrados al dios padre.

Capítulo Siete

Verdades del género #5

La historia dela Humanidad describe muchísimos sucesos del pasado que resultan imposible de ser verificados en nuestro actual presente.No podemos entonces afirmar que esos sucesos son verdades obvias pero sin embargo creemos en muchos de ellos y los consideramos verdades porque se encuentran respaldados por huellas innegables que han dejado en el espíritu colectivo de la especie humana.

Verdad número 64

La fuente del pecado es el conocimiento del mismo como tal pues lleva a la tentación y si no se rechaza valerosamente llevará a la mala acción y a sus funestas consecuencias y responsabilidades.

Las pruebas:

- El escritor del libro génesis de la biblia sostiene en él que dios prohibió a adán y eva comer del fruto del árbol de la sabiduría del bien y el mal.

- En esta prohibición hay un mensaje profundo. No hace parte del plan divino que nosotros seamos dueños de la verdad absoluta, o del conocimiento total del bien y del mal.

- Nuestra existencia nos ha probado que para seguir viviendo en camino hacia el infinito debemos tener siempre estímulos de vida. esto no sería posible si todo ya lo supiéramos o lo conociéramos.

- Conocer la infinita manera de cometer pecados nos enloquecería en un infierno de tentaciones y males. La vida sería un imposible.

- El caos, el desorden y la vida aterrorizada a la que nos llevan irremisiblemente la mentira, el crimen, la corrupción, el odio, el robo, los vicios, el pecado, etc. es una verdad que ya todos conocemos.

- La historia nos lo ha demostrado así. Somos conducidos a la maldad, precisamente, por descubrir los pecados y sus torcidos placeres y practicarlos.

- No conocer en detalle el pecado, en ninguna de sus fases, aún, a sabiendas de que es una obvia verdad, sería una forma lógica de evitarnos la tentación.

- Dar la espalda al pecado y buscar siempre, sistemáticamente, lo que nuestra conciencia nos indica que es recto, que no hace daño, que no perjudica a nadie ni nada, ni a la sociedad humana o al prójimo, que ayuda a los demás, nos permitirá, con seguridad evolucionar más aceleradamente hacia la perfección.

- Tenía razón ese escritor del génesis cuando afirmaba que dios no nos quería ver conociendo la verdad absoluta mientras estábamos evolucionando.

- De eso se trataba precisamente el mandato de la evolución: crecer y crecer en la dirección correcta para ganarse el derecho de estar al lado de lo absoluto.

Guías que nos da esta verdad

- Conocer poco a poco, a su debido tiempo, cada verdad y bien parcial de la escalera que lleva a la verdad absoluta nos madura, nos hace crecer y nos invita a la búsqueda de lo perfecto.
- Es estimulante la búsqueda permanente del bien.
- Mostrar un enfermizo interés de conocer el pecado y sus prometedores y engañosos placeres nos llevaría a la mala acción y la auto destrucción.

Verdad número 65

Dios protege a sus buenas criaturas. No castiga pero sí abandona al maligno en las consecuencias de su pecado.

Las pruebas:

- Dios es bondad pura. Es un contrasentido filosófico pensar que un dios que regala la vida y el universo luego castigue a sus propios seres en un infierno eterno.
- Todos los entes creados deben someterse a leyes para garantizar su propia existencia. quien no cumple sus leyes no puede avanzar por el desorden o el caos que esto genera.

- Para aquéllos seres dotados de libre albedrío, es obvio, que la responsabilidad corre por su propia cuenta.

- Para los respetuosos de la ley siempre estará disponible el blindaje y la protección de dios de las desgracias que generan los torcidos en sus entornos.

- Ese blindaje lo pierden bajo su propia responsabilidad los que eligen el mal.

- En otras palabras dios abandona a su propia suerte a los pecadores. Abandona al que no lo merece pero no castiga a nadie.

- Dios protege, ayuda, regala, ama, es bondad infinita. El pecador se castiga a sí mismo al hacer daño a la perfección de la creación.

Guías que nos da esta verdad

- Cuidemos como el mejor de los regalos la protección que dios nos da por nuestro buen comportamiento.

- Las consecuencias de las malas acciones de los otros no nos alcanzarán mientras nos comportemos bien porque estamos protegidos por dios.

- La historia del diluvio universal y del arca de noé, relatada en la biblia, es un hermoso mensaje que da testimonio de esta hermosa verdad.

Conlusiones

Selección de conclusiones para recordar frecuentemente

- Buscar en lo visible, en lo conocido del universo, en la naturaleza, en lo microscópico, y en nuestro ser interior (alma y espíritu) los axiomas, lo evidente o incontrovertible para que estos guíen nuestras acciones.

- Nuestra alma y espíritu aunque están atados a nuestro cuerpo cuando estamos vivos, existen en una dimensión que no es la material, por lo tanto, esto nos indica que existen otras dimensiones distintas a la material y que la vida es mucho más compleja que simple materia o cuerpo.

- Evolucionar es un mandato eterno para el espíritu pero en el cuerpo está limitado por la muerte. La vida material en el mundo natural y social es el primer ciclo evolutivo para el espíritu que depende de lo correcto que hemos manejado nuestro cuerpo.

- Todo lo existente demuestra que las jerarquías existen, tanto en el mundo natural como en las dimensiones espirituales. La jerarquía de más alto nivel posible es la perfección y el dominio de la verdad absoluta.

- La perfección y la verdad absoluta solo se encontrarán en el infinito.
- Solo el bien acumulado y la sumatoria de las verdades parciales desveladas y asimiladas pueden ser el camino para acercarse al infinito.
- La evolución y el tiempo solo avanzan en una dirección. Su avance es relativo cuando depende del libre albedrío como es el caso de la evolución espiritual. El avance evolutivo de las células está primordialmente definido por el plan prescrito en el ADN.
- La soberbia es una tonta y contraproducente postura para nosotros seres cuya vida es inexorablemente frágil, vulnerable y mortal. Tiene mucho menos sentido donde existen escaleras jerárquicas hasta el infinito.
- Aceptemos que estamos muy lejos de alcanzar la perfección si solo nuestra permanencia fuera posible en el mundo natural.
- Solo las verdades obvias o las demostrables son creíbles. Lo demás son conjeturas, posibilidades, imaginación, fantasías o simplemente mentiras.
- Todo en el universo material, biológico y energético es la composición ordenada, regulada por leyes, entrelazada, planificada y con un propósito definido, de muchas partes elementales invisibles o visibles o de menor o mayor evolucionada complejidad. La sabiduría del espíritu tiene también esta característica.
- Estar en el universo es un mandato y no precisamente para dañarlo.

- La escuela de la vida tiene niveles. No se puede pasar a un nivel superior si no se ha pasado con honores el nivel anterior.

- La evolución, como todo proceso, toma su tiempo. en nuestra vida terrenal solo se nos da un tiempo limitado para evolucionar. Es muy importante tomar conciencia de que no debemos utilizarlo para el mal o simplemente dejarlo pasar sin obras positivas para nuestro crecimiento espiritual. No lo malgastemos. Un buen plan, orden y compostura ayudan a optimizar el tiempo. La pereza es un enemigo de la evolución.

- Hay que tener paciencia para ir descubriendo las verdades ocultas pero siempre hay que hacer el esfuerzo.

- Estemos siempre alertas para distinguir entre las tentaciones del mal y las motivaciones positivas hacia las buenas acciones. Esforcémonos para no caer en las tentaciones del mal y por el contrario pongamos fe y esfuerzo para realizar los buenos proyectos, las buenas obras y las buenas ideas.

- Fortalezcamos nuestro sentido de la responsabilidad con la convicción de que nada es cien por ciento enmendable o corregible.

- Entre más conozcamos las leyes que rigen el universo y la sociedad seremos más responsables.

- Dios es una realidad visible en todo lo creado. Reconozcámoslo y glorifiquémoslo con humildad sincera.

- Controlemos nuestras emociones. No las exageremos ni busquemos su repetición continua si no queremos encarcelar nuestra alma y nuestro espíritu en vicios y locura o dimensiones de cautiverio.

- Solo avanza el que va hacia dios.
- Si queremos que nuestro cuerpo material funcione bien, siempre tenemos que alimentarlo con energías adecuadas.
- Si queremos que las energías adecuadas lleguen eficientemente al cuerpo, nuestra alma debe controlar correctamente todas sus células, sistemas y órganos.
- Si queremos que nuestra alma sea voluntariosa, sensible y fuerte debe ser direccionada por un espíritu sabio.
- Si queremos un espíritu recto y creciente debemos someterlo a las leyes del universo tanto materiales como espirituales y, firmemente, mantener la creencia en un ser superior, nuestro creador, nuestro padre y nuestro dios.
- Del afán no queda sino el cansancio, afirma el proverbio popular.
- Dejemos el afán de conocerlo todo en un instante pero busquemos nuestro ritmo natural para continuar encontrando verdades y nuevos bienes de la serie infinita de éstos.
- Mientras estemos vivos sobre esta tierra, mantengamos el pié en ella.
- No nos elevemos demasiado con el espíritu tratando de entrar con complejas abstracciones, o, artificialmente, con drogas, a dimensiones que todavía no son las nuestras llegando a correr el riesgo de que olvidemos el cuidado de nuestro cuerpo y nuestra relación con el mundo material. Todo llegará según los planes del universo.

- Dejamos perder una idea brillante que se nos viene a la mente, por la simple pereza de levantarnos a buscar un lápiz y un papel para anotarla y no olvidarla.

- No hace parte del plan divino que nosotros seamos dueños de la verdad absoluta, o del conocimiento total del bien y del mal.

- Debemos llevar una vida terrenal diáfana, plena de luz y verdad para alcanzar los designios y propósitos de nuestra razón de ser.

- Conocer poco a poco, a su debido tiempo, cada verdad y bien parcial de la escalera que lleva al bien absoluto y a la verdad absoluta nos madura, nos hace crecer y nos invita a la búsqueda de lo perfecto.

- Mostrar un enfermizo interés de conocer el pecado y sus prometedores y engañosos placeres nos llevaría a la mala acción y la auto destrucción.

- Cuidemos como el mejor de los regalos la protección que dios nos da por nuestro buen comportamiento.

- Las consecuencias de las malas acciones de los otros no nos alcanzarán mientras nos comportemos bien porque estamos protegidos por dios.

Epílogo

Cuando ofrecemos con humildad lo poco que tenemos a nuestro creador para que lo use en sus planes y nos permita trabajar junto con él, tengamos la certeza de que Él no nos subestimará ni a nosotros ni a nuestra ofrenda sino que se complacerá y hará muchísimas cosas con, por y a través de nosotros.

Sobre el Autor

El autor es un ingeniero electricista ya retirado y pensionado. Actualmente su pasión es disfrutar de la madre naturaleza en todas sus expresiones y no cesa de agradecer en todo momento al Santo Padre Celestial el privilegio de haberle mandado a vivir. Es padre de 2 hijas y 4 hijos. Los mayores todos son profesionales excelentes y muy buenas personas. El menor de 7 años es un hermoso y despierto niño que cursa el segundo año de escuela primaria. Ha estado casado 3 veces sucesivas con esposas muy buenas. Trabajó duramente por más de 40 años como ingeniero de campo, jefe de proyectos, profesor de universidad y gustaba de tocar el piano. Piensa que nadie debe esperar la muerte sin dejar su humilde legado cultural a disposición de las generaciones que siguen. Esta última convicción fue su motivación para escribir este libro.